प्रसाद-निराला-अज्ञेय

मानवजी—साही—विपिन की स्मृति में
कॉफ़ीहाउस-मंडल के लिए,
आलोचना को जहाँ कृति में
पाने के अनेक यत्न किए।

प्रसाद-निराला-अज्ञेय

(परंपरा, विद्रोह और आधुनिकता के बीच कविता का विकास
अथवा कविता में संगीत, मुक्त छंद और गद्य के विन्यास)

रामस्वरूप चतुर्वेदी

लोकभारती प्रकाशन

लोकभारती प्रकाशन
पहली मंजिल, दरबारी बिल्डिंग, महात्मा गाँधी मार्ग
प्रयागराज-211 001

वेबसाइट : www.lokbhartiprakashan.com
ईमेल : info@lokbhartiprakashan.com

शाखाएँ : 1-बी, नेताजी सुभाष मार्ग, दरियागंज
नयी दिल्ली-110 002
अशोक राजपथ, साइंस कॉलेज के सामने
पटना-800 006
36-ए, शेक्सपियर सरणी
कोलकाता-700 017 (प. बंगाल)

आठवाँ संस्करण : 2019

आस्था पेपर कन्वर्टर
प्रयागराज द्वारा मुद्रित

PRASAD NIRALA AGEYA
by Ramswarup Chaturvedi

ISBN : 978-81-8031-381-3

मूल्य : ₹ 220

आमुख

इधर-उधर से घूम कर आलोचक का मन कविता पर लौटता है, शायद इसलिए कि आलोचनात्मक सृजन की संभावना यहाँ सबसे अधिक है। यहाँ केंद्र में हैं आधुनिक कविता के तीन शीर्ष विंदु : प्रसाद-निराला-अज्ञेय, और संदर्भ में है समूची आधुनिक हिंदी कविता। जिज्ञासा की व्यापक भाव-भूमि है कि कैसे वर्तमान शताब्दी के आरंभिक दशकों में ब्रजभाषा-खड़ी बोली के संधि-क्षेत्र से निकल कर आधुनिक हिंदी कविता ने खड़ी बोली में अर्थ की नयी से नयी संभावनाओं की खोज की और अपने को युग-जीवन की केंद्रीय समस्याओं से जोड़ा, और इस कठिन तथा उलझी यात्रा में उसकी क्या-क्या उपलब्धियाँ रही हैं, तथा यह भी कि समकालीन कविता की दिशा और दशा क्या है! प्रसाद में यदि छायावाद का विकास ब्रजभाषा के अवशेषों के बीच से होता है तो निराला छायावाद और छायावादोत्तर काव्य को जोड़ने वाली कड़ी हैं, और अज्ञेय प्रयोगवाद से नयी कविता के संक्रमण को संभव करते हैं। यों अपने आप में यह एक समूची अंतरसंबद्ध अध्ययन-प्रक्रिया है।

एक ओर कविता यदि परंपरा से शाब्दिक रचना के केंद्र में है तो दूसरी ओर उसकी समझ को लेकर वैसे ही विभ्रम और उलझाव हैं। अपने समय की कविता दृष्टि-निकटता के कारण इस संदर्भ में अपने को और कठिनाई में पाती है। आधुनिक हिंदी कविता का प्राय: सौ वर्षों का इतिहास यों जितना उलझा हुआ है उतना ही रोचक भी है। आरंभ में ब्रजभाषा और खड़ी बोली के तनाव हैं, फिर आरंभिक खड़ी बोली का लड़खड़ाता रूप उभरता है, जिसे व्यवस्था मिलती है मैथिलीशरण गुप्त के हाथों। आगे छायावादी काव्य का वैभव है तो उस पर कई तरह के आलोचनात्मक आरोप हैं। तब छायावादोत्तर उपलब्धि का परिप्रेक्ष्य बनता है, जिसकी समझ विकसित करने में समकालीन आलोचना की साझेदारी रही है। और अंत में आता है प्रसाद-निराला के बाद कविता का अज्ञेयोत्तर परिदृश्य! आलोचक को यह सब एक क्रम में भी, और एक साथ भी देखना है। एक लंबी अवधि से यह देखना चलता रहा है, जिसकी परिणति है प्रस्तुत आलोचना-कृति 'प्रसाद-निराला-अज्ञेय' (परंपरा, विद्रोह और आधुनिकता के बीच कविता का विकास *अथवा* कविता में संगीत, मुक्त छंद और गद्य के विन्यास)। अध्ययन इस लंबे उपशीर्षक की व्याख्या से शुरू हो जाता है बिना किसी भूमिका के, और आरंभ की ये पंक्तियाँ भी भूमिका हैं या कि मूल पुस्तक का अंश, कहना कठिन है।

प्रसाद-जयंती : १९८९ ई०

—रामस्वरूप चतुर्वेदी

अनुक्रम

प्रसाद-निराला-अज्ञेय

१
आधुनिक कविता का क्रम-विकास

प्रस्तुत अध्ययन[१] का लंबा और महत्त्वाकांक्षी उपशीर्षक[२] आलोचक की वृत्ति का उतना परिचायक नहीं जितना कि विषय-वस्तु के अपने विस्तार और उसके आपसी जटिल संबंध को प्रकट करता है। जयशंकर प्रसाद (१८९०-१९३७) से आरंभ करके, सूर्यकांत त्रिपाठी निराला (१८९९-१९६१) के वैविध्यपूर्ण काव्य का अवगाहन करते हुए, स० ही० वात्स्यायन अज्ञेय (१९११-१९८७) तक पहुँचना खड़ी बोली हिंदी कविता के समूचे विकास-क्रम को एकबारगी समझने का यत्न करना है। कविता किसी जाति की सघनतम भाविक-भाषिक अभिव्यक्ति है। इस रूप में एक ओर वह उस जाति के चिंतन और अनुभूति-क्रम को विवृत करती है और दूसरी ओर उसकी रचनात्मक परिकल्पना को। कई स्तरों पर एक साथ जिया हुआ मानव जीवन यहाँ अपने पाठक-श्रोता से छूता-टकराता है। हर क्षेत्र के कलाकार के लिए सबसे बड़ी चुनौती यही है कि मानवीय अनुभूति और चिंतन के इन विविध स्तरों को वह एक साथ पकड़ सके, साक्षात्कृत कर सके जैसे कि वे एक साथ मानव जीवन में अवतरित होते हैं। अनुभूति की सघनता सबसे अधिक संगीत में उतरती है जहाँ गिनती के सात सुरों में अनुभव का पूरा संसार समाया हुआ है। पर अनुभूति के साथ चिंतन का संक्रमण साहित्य विशेषतः कविता से साधते बनता है जहाँ वर्ण और शब्द-संपदा भी अधिक सुलभ है।

इस समूची प्रक्रिया में आलोचक को एक खास तरह की कठिनाई से होकर गुजरना पड़ता है। कवि मानव जीवन की विविध स्तरीय अनुभूतियों को जब एकबारगी साक्षात्कृत करता है तो उसकी भाषा विशेष रूप में सर्जनात्मक होती है जिसके सहारे वह घटनाओं को अर्थ से संपन्न करता है, जिसे कहा गया कि वह मानव जीवन की पुनर्रचना करता है। जब इस पुनर्रचित जीवन से आलोचक का सामना होता है तो उसका भी उपक्रम होता है कि कवि द्वारा दिए गए अर्थ का वह और विस्तार कर सके। गोस्वामी तुलसीदास एक विशाल फलक लेकर रामचरितमानस के घटना-क्रम को एक अर्थ देते हैं, फिर इस अर्थ का विस्तार रामचंद्र शुक्ल की आलोचना आगे करना चाहती है, पर रामचंद्र शुक्ल की आलोचना-भाषा वैसी और उतनी सर्जनात्मक नहीं है जितनी कवि तुलसीदास की। जीवन में अर्थ का संधान रचनाकार करता है और रचना में अर्थ का संधान आलोचक। पर आलोचक के उपकरण इस संदर्भ में अपर्याप्त और ऊने हैं, यद्यपि उसके सामने जीवन, और उसकी पुनर्रचना साहित्य दोनों सुलभ हैं। उसे रची हुई अनुभूति की पुनर्रचना करना है पर उसके पास जो भाषा सुलभ है वह महज़ वर्णन और विश्लेषण की है। उसे न तो रचना के समानांतर एक प्रतिरचना खड़ी कर देना है और न रचनाकार के अनुभूति संश्लेष को इतनी दूर तक विश्लेषित करना है कि उसकी समग्रता ही नष्ट हो जाए। इन दो विरोधी दिशाओं के खतरों के बीच से उसे अपनी पुनर्रचना-प्रक्रिया को गतिशील रखना है। उसकी आलोचना को न तो प्रतिरचना हो जाना है और न ही महज़

---

१. 'प्रसाद-निराला-अज्ञेय'.

२. परंपरा, विद्रोह और आधुनिकता के बीच कविता का विकास **अथवा** कविता में संगीत, मुक्त छंद और गद्य के विन्यास.

विश्लेषण। उसे अर्थ-विस्तार को आगे बढ़ाना है जो मानवीय जीवन का ही एक विशिष्ट लक्षण है। जीवन तो प्राणी-मात्र के पास है; मनुष्य उस जीवन की पुनर्रचना करता है कवि के रूप में, और फिर उस पुनर्रचना का अर्थ विस्तार करता है आलोचक की भूमिका में। ये दोनों प्रक्रियाएँ भाषिक हैं अतः एक दूसरे से सहज जुड़ जाती हैं, जो संभावना मूर्ति या चित्र कला अथवा संगीत की आलोचना में नहीं है। भीमसेन जोशी के संगीत की अनुभूति में आलोचक कुछ जोड़ नहीं सकता, पर निराला की भावानुभूति एक संवेदनशील आलोचक द्वारा अभिवृद्ध की जा सकती है। यों साहित्य के आलोचक के लिए कठिनाई जितनी अधिक है तो उसके उद्यम के लिए फल भी उतना ही स्पृहणीय।

हिंदी की आधुनिक कविता की शुरुआत ब्रजभाषा को छोड़ कर खड़ी बोली से होती है, तो वैसे ही भक्ति और शृंगार से उपराम होकर राष्ट्रीयता से। कविता में खड़ी बोली का व्यापक आरंभ श्रीधर पाठक से दिखता है, राष्ट्रीयता की तीव्र अनुभूति भारतेंदु से ही उभरने लगती है, पर खड़ी बोली और राष्ट्रीयता का प्रभावी सहकार संभव होता है पहली बार मैथिलीशरण गुप्त के यहाँ। आध्यात्मिकता से ऐहिकता की ओर झुकाव आधुनिक हिंदी कविता की पहली बड़ी विशेषता कही जा सकती है, जिस रूपांतरण को ब्रजभाषा के परित्याग और खड़ी बोली के ग्रहण में देखा जा सकता है। विश्व साहित्य में हिंदी काव्यभाषा एक अद्वितीय स्वरूप है जहाँ अलग-अलग मानवीय वृत्तियाँ विविध कालों के अंतर्गत अलग-अलग आधार-बोलियों के चुनाव से जुड़ी दिखती हैं—खड़ी बोली-ब्रजभाषा-अवधी और फिर खड़ी बोली। इन बोलियों की व्यापक संवेदना, जिनमें परस्पर महत्त्वपूर्ण व्याकरणिक भेद हैं, संश्लिष्ट रूप में हिंदी साहित्य बनती है, बनती आई है।

जैसा संकेत किया गया, हिंदी साहित्य के अलग-अलग कालों में अलग-अलग मानवीय वृत्तियाँ रचना की प्रेरक रही हैं। कभी यह वृत्ति राजा अथवा आश्रयदाता की वीर-भावना थी, तो कभी भक्ति और फिर कभी शृंगार। आधुनिक काल के आरंभ से यह वृत्ति राष्ट्रीयता की रही है, जिसके सर्वाधिक सशक्त और प्रतीक कवि मैथिलीशरण गुप्त कहे जा सकते हैं। यह राष्ट्रीय भावना भी आगे चल कर फिर क्रमशः रूपांतरित होती गई है—देश प्रेम से देश भक्ति और फिर भारतेंदु के प्रयोग में देश वत्सलता, जो क्रमशः राष्ट्रीयता का उग्र रूप धारण करती है, पर क्रमशः परवर्ती कवियों में सांस्कृतिक चेतना के स्तर पर विकसित हुई जन-अस्मिता की पहिचान बन जाती है। राष्ट्रीयता का एक दूसरा रूप राजनीति के तौर पर उभरता है, जिस कठोर भाव में से कविता बनना निश्चय ही कठिन हुआ है।

आधुनिक काल में आध्यात्मिकता से ऐहिकता की ओर झुकाव का एक महत्त्वपूर्ण साक्ष्य वहाँ मिलता है जहाँ कवि ईश-वंदना के बाद मातृभूमि-वंदना में अधिक रुचि लेने लगते हैं। मैथिलीशरण गुप्त तथा जयशंकर प्रसाद की आरंभिक कविताएँ प्रमाण-स्वरूप देखी जा सकती हैं। जगह-जगह एक मनःस्थिति का संक्रमण दूसरी में होने लगता है। देवी दुर्गा की परिकल्पना माँ के रूप में होती है, और कहा जाता है कि स्वामी विवेकानंद ने पहली बार माँ की इस परिकल्पना को भारतमाता में ढाला। फिर भारतमाता की आराधना भारतजन से जुड़ जाती है। भारतमाता को भौगोलिक नक्शे के रूप में देखा गया, और भौगोलिक नक्शे के बीच से भारत के लोग उभरते हैं। कुछ ऐसा ही विकास देश प्रेम में से राष्ट्रीयता की भावना का हुआ। देश प्रेम एक सहज मानवीय वृत्ति है, जिससे देश भक्ति उपजती है। भारतेंदु और मैथिलीशरण गुप्त इस भाव को 'देश वत्सलता' कहते हैं। अपने 'नाटक' शीर्षक निबंध में

भारतेंदु ने नवीन नाटकों की रचना के जो मुख्य उद्देश्य बताए हैं उनमें से अंतिम 'देश वत्सलता' बताया है। 'जयद्रथ वध' की भूमिका में मैथिलीशरण गुप्त ने लिखा, 'इसके लिए प्रयत्न करना प्रत्येक साहित्य और देशवत्सल मनुष्य का मुख्य कर्त्तव्य है...।' स्पष्ट ही 'देशवत्सल' प्रयोग में माता-पुत्र संबंध की भावना अधिक मुखर है। देश प्रेम, देश भक्ति अथवा देशवत्सलता सहज मानवीय वृत्ति है तो राष्ट्रीयता को इस तुलना में उत्तेजित मनः स्थिति कहा जाएगा। राष्ट्रीयता की अनुभूति पराधीन देश में प्रयत्नपूर्वक जगाई जाती है, और यह प्रयत्न अथवा सजगता का तत्त्व आधुनिक भाव-बोध की आरंभिक पहिचान कही जा सकती है। इंग्लैण्ड में देश भक्ति या 'पैट्रियटिज्म' वहाँ के जन-साधारण के लिए सहज भाव-बोध है, भारत में राष्ट्रीयता या 'नेशनलिज्म' को १९वीं शती से विकसित करने का यत्न यहाँ के मनीषियों तथा चिंतकों ने किया। हिंदी साहित्य के आधुनिक काल का आरंभ इसी प्रयत्न के साथ होता है। भारतेंदु की चिंता 'पै धन बिदेस चलि जात इहै अति ख्वारी' इस संदर्भ में स्मरणीय है।

राष्ट्रीयता के स्थूल रूप का आग्रह आगे सूक्ष्म होकर निथरता है। छायावाद के दौर में प्रसाद और निराला राष्ट्रीयता के राजनैतिक पक्ष के बजाय उसके सांस्कृतिक पक्ष पर अधिक दृष्टि रखते हैं। प्रसाद के विविध राष्ट्र-गान तथा निराला का काव्य 'तुलसीदास' इस परिवर्तित दृष्टिकोण के महत्त्वपूण साक्ष्य हैं। छायावादोत्तर काव्य के विविध रूपों में समग्र सांस्कृतिक चेतना के स्थान पर जन जीवन और उसकी विषमताओं की पहिचान तीव्रतर होती है। यों भारत के भौगोलिक-राजनैतिक नक्शे में से भारत जन उभरते दिखते हैं।

आधुनिक काल के आरंभिक कवियों में ईश-वंदना से मातृभूमि-वंदना और राष्ट्र-वंदना की ओर झुकाव को दिखाने के लिए अनेक प्रसिद्ध कविताएँ सामने आती हैं। इस क्रम में पहली महत्त्वपूर्ण खड़ी बोली रचना है मैथिलीशरण गुप्त की 'मातृभूमि', जिसका आरंभिक अंश है ''नीलांबर परिधान हरित पट पर सुंदर है...।'' प्रसाद की आरंभिक कविताओं का स्वरूप विश्लेषण करने पर दिखता है कि उनके ब्रजभाषा संकलन 'चित्राधार' में कुछ नये विषयों पर लिखी कविताएँ हैं जैसे 'संध्या तारा', 'नीरव प्रेम', 'विस्मृत प्रेम', 'विसर्जन', पर मातृभूमि-वंदना नहीं है यद्यपि ईश-वंदना की कई कविताएँ हैं 'अष्ट-मूर्ति', 'विनय', 'विभो'। आगे प्रथम खड़ी बोली संकलन 'कानन-कुसुम' में प्रभु-विनय संबंधी अनेक रचनाएँ हैं, पर मातृभूमि-वंदना और युवजन-उद्बोधन से भी जुड़ी एक अच्छी कविता है, 'गान'। ब्रजभाषा से खड़ी बोली के संवेदनात्मक रूपांतरण का यहाँ बढ़िया साक्ष्य मिलता है। 'गान' का आरंभ होता है जननी जन्मभूमि के स्मरण से—

> **जननी जिसकी जन्मभूमि हो; वसुंधरा ही काशी हो**
> **विश्व स्वदेश, भ्रातृ मानव हों, पिता परम अविनाशी हो**
>
> × × ×
>
> **जो अछूत का जगन्नाथ हो, कृषक करों का दृढ़ हल हो**
> **दुखिया की आँखों का आँसू और मजूरों का कल हो**
>
> × × ×
>
> **ऐसे युवक चिरंजीवी हों, देश बना सुख-राशी हो**
> **और इसलिए आगे वे ही महापुरुष अविनाशी हों**

प्रसाद यों जब तक ब्रजभाषा में लिखते रहते हैं उन्हें जननी जन्मभूमि की चिंता नहीं होती, पर खड़ी बोली में आते ही जननी जन्मभूमि और उसके युवा पुत्रों को वे सीधे स्मरण करते हैं। निराला की आरंभिक कविताओं में है 'मातृभूमि'—

बन्दूँ तव अमल-कमल

चिर-सेवित चरण-युगल

जिसका अधिक परिष्कृत विधान मिलता है 'भारति, जय, विजय करे!' में। अज्ञेय जिनकी आरंभिक कविताओं में बंदी-जीवन के बहुविध संदर्भ मिलते हैं, सीधे मातृभूमि वंदना नहीं लिखते, पर अपनी किशोरावस्था की हस्तलिखित पत्रिका 'आनंदबंधु' के पहले पृष्ठ पर मैथिलीशरण गुप्त की 'मातृभूमि' को वे संपादकीय कृतित्व मानकर प्रस्तुत करते हैं ('आत्मनेपद—' 'मेरी पहिली कविता')।

इस समूचे क्रम-विकास में मैथिलीशरण गुप्त राष्ट्रीय भाव-धारा के शीर्षस्थ कवि ठहरते हैं और खड़ी बोली कविता के प्रचार-प्रसार का मुख्य श्रेय उनको जाता है। मध्यकालीन भक्ति-भावना तथा आधुनिक राष्ट्रीयता का विलक्षण संगम उनके कृतित्व में हुआ है। ब्रजभाषा जैसे भक्ति और श्रृंगार के साथ एकाकार हो गई, वैसे ही एक झटके के साथ खड़ी बोली काव्य ने अपने को देश प्रेम, देश वत्सलता और देश-भक्ति के साथ जोड़ा। आधुनिकता मूलतः काल प्रवाह का गुण है। परिवर्तन अनायास है, जो अच्छाई की ओर भी उन्मुख हो सकता है, और हीनता की ओर भी। विकास की परिकल्पना में उत्कृष्टता अंतर्निहित है। इस संदर्भ में आधुनिकता की व्याख्या की जा सकती है कि वह विकास के लिए सजग प्रयत्न है, या कि इतिहास-चक्र को द्रुततर चलाने की प्रक्रिया है। यों परिवर्तन और विकास से आगे का चरण आधुनिकता का है। आधुनिक काल के नामकरण की सार्थकता इस बात में है कि यहाँ देश, समाज और संस्कृति के संदर्भ में विकास का सजग प्रयत्न है, और इसके लिए शताब्दियों से हिंदी क्षेत्र के संस्कार में बसी ब्रजभाषा को छोड़ कर नयी भाव-भूमि खड़ी बोली में उदित होती है। साहित्य और देश पहली बार आधुनिक काल में एक-दूसरे से इस रूप में जुड़ते हैं। 'भारत भारती'—जिस नामकरण में ही यह भाव सहज समझा जा सकता है—का समर्पण 'देश-हितैषी' श्रीमान् राजा रामपालसिंह जी की सेवा में हैं। यहाँ कवि का अनुरोध है—

जैसा कुछ हो सका, आपका यह आज्ञा-पालन है, लीजै

भारतमाता की सेवा में, इसे आप ही अर्पित कीजै।

यानी कवि का निवेदन अंततः 'भारतमाता की सेवा में' है, 'एक देश-हितैषी' के माध्यम से।

देश प्रेम, देश-वत्सलता और देश-भक्ति के बाद राष्ट्रीयता का भाव-बोध है। यह सहजता से आगे क्रमशः उत्तेजित मनःस्थितियों का विकास-क्रम है। राष्ट्रीयता की भावना पराधीन देश में जागृत होती है, जागृत की जाती है; स्वाधीन देश को सामान्यतः राष्ट्रीयता का एहसास नहीं होता जब तक कि उसे किसी बाह्य खतरे का सामना न करना पड़े। भारतेंदु से लेकर प्रसाद-निराला तक राष्ट्रीयता के कई रूप देखे जा सकते हैं। फिर नयी कविता में राष्ट्रीयता का सूक्ष्मतर रूप उभरता है। आधुनिक कविता के विकास-क्रम में देश-भक्ति, राष्ट्रीयता, सांस्कृतिक चेतना और जन-अस्मिता की पहिचान साहित्य और देश के संबंधों की उत्तरोत्तर सूक्ष्म होती प्रतिक्रियाएँ हैं। देश-भक्ति या कि स्वयं भारतेंदु के प्रयोग में देश-वत्सलता की

स्थिति भारतेंदु से आरंभ होती है—'धन बिदेस चलि जात तऊ जिय होत न चंचल। जड़ समान ह्वै रहत अकिल हत रचि न सकत कल।' ('प्रबोधिनी') यहाँ कवि की चिंता दुहरी है। एक ओर तो वह देखता है कि देश की संपत्ति विदेश चली जा रही है, जिस बात को वह अन्यत्र भी कहता है, और दूसरे उसकी चिंता है कि भारतवासी अपने से मशीनों का निर्माण करना नहीं सीख रहे। खड़ी बोली का प्रयोग भारतेंदु अधिकतर अपने उर्दू काव्य में करते हैं, कुछेक अपवादों को छोड़ कर, जहाँ भक्ति और प्रेम का मिला जुला रंग उभरता है।

राष्ट्रीयता अपने पूरे विस्तार और वेग में मैथिलीशरण गुप्त की 'भारत भारती' का उपजीव्य है। फिर इस राष्ट्रीयता की सांस्कृतिक चेतना निराला के काव्य 'तुलसीदास' में व्यक्त होती है। अज्ञेय भी राष्ट्रीयता को मूल्य-चेतना के रूप में स्वीकार करते हैं जब वे संपन्न हुए राष्ट्रीय संविधान को 'आलोक-मंजूषा' का बिंब देते हैं ('जनवरी छब्बीस')। नयी कविता के लिए राष्ट्रीय चेतना अधिक सूक्ष्म स्तर पर जन-अस्मिता के अभिज्ञान रूप में प्रकट होती है, जिसका अच्छा उदाहरण प्रस्तुत करती है गजानन माधव मुक्तिबोध की लंबी कविता 'अँधेरे में' या कि रघुवीरसहाय की 'मेरा प्रतिनिधि'। यहाँ देश की पहिचान जन-समूह के रूप में उत्तरोत्तर बढ़ती जा रही है। स्थूल प्राकृतिक देश पहले भारतमाता बनता है, फिर भारतमाता की संतान—ऐसी दीन संतान जिनका भारतमाता के स्नेह पर अधिक दावा है—चिंता के केंद्र में उभरती हैं। यों भारतमाता की परिकल्पना यदि एक स्तर पर सूक्ष्म होती जाती है तो दूसरे स्तर पर अधिक व्यापक और आत्मीय बनती जाती है। साहित्य और देश के संबंध-विकास की यह सही दिशा है जिसे हिंदी कवि ने ठीक-ठीक पहिचाना है।

यहाँ स्मरणीय है कि जैसे हिंदी कविता में हिंदू-मुस्लिम द्वंद्व के विविध प्रसंग चित्रित होने पर भी उनका चित्रण करने वाले कवि चंदबरदाई, कबीर या जायसी में—जिन रचनाकारों में हिंदू और मुसलमान दोनों हैं—सांप्रदायिक द्वेष कहीं नहीं उभरता बल्कि उसे प्रशमित करने की दृष्टि ही उभरती है, वैसे ही आधुनिक काल के आरंभ से राष्ट्रीयता का मंत्र जपने वाले हिंदी लेखक में राष्ट्रीयता कहीं उग्र या फासिस्ट रूप नहीं लेती : 'इस महामंत्र का जप करो, जो हिंदुस्तान में रहें, चाहे किसी रंग, किसी जाति का क्यों न हो, वह हिंदू है। हिंदू की सहायता करो। बंगाली, मराठा, पंजाबी, मद्रासी, वैदिक, जैन, ब्रह्मो, मुसलमान सब एक का हाथ एक पकड़ो।' (भारतेंदु हरिश्चंद्र : बलिया व्याख्यान) 'हिंदू, मुस्लिम, जैन, पारसी, ईसाई सब जात / सुखी होंय हिय भरें 'प्रेमघन' सकल भारती भ्रात।' (उपाध्याय बदरीनारायण चौधरी 'प्रेमघन') 'हिंदू तथा तुम सब चढ़े हो एक नौका पर यहाँ / जो एक का होगा अहित तो दूसरे का हित कहाँ? / सप्रेम हिलमिलकर चलो यात्रा सुखद होगी तभी / पीछे हुआ सो हो गया अब सामने देखो सभी।' (मैथिलीशरण गुप्त : 'भारत भारती' में मुसलमानों के प्रति संबोधन) 'अन्य देश मनुष्यों की जन्मभूमि हैं, यह भारत मानवता की जन्मभूमि है।' (जयशंकर प्रसाद : 'चंद्रगुप्त मौर्य' में यवन बाला कार्नेलिया)। प्रसाद अपने नाटकों में इतिहास की पटभूमि पर आधुनिक राष्ट्रीयता की समस्या से बार-बार जूझते हैं। प्रादेशिकता, सांप्रदायिकता और जातीयता से ऊपर उसे प्रतिष्ठित करते हैं; पर एक ओर उनकी राष्ट्रीयता मानवता से जुड़ी हुई है और दूसरी ओर सौंदर्यपरक सांस्कृतिक दृष्टि से। ऐसे रचनात्मक परिवेश में राष्ट्रीयता के उग्र और असहिष्णु होने का प्रश्न नहीं उठता।

निराला अपने काव्य 'तुलसीदास' में हिंदू-मुस्लिम द्वंद्व के चित्रण से ही आरंभ करते हैं—

उर के आसन पर शिरस्त्राण
शासन करते हैं मुसलमान;
है ऊर्मिल जल, निश्चलत्प्राण पर शतदल।

सौ छंदों के इस काव्य में आरंभ के ३६ छंद इस समस्या का चित्रण करने में लगाए गए हैं। ध्यान देने की बात यह है कि निराला के लिए यहाँ समस्या राजनैतिक या जातिगत रूप में नहीं, वरन् सांस्कृतिक स्तर पर है। इस्लाम की सांस्कृतिक चुनौती के संदर्भ में निराला ने कवि तुलसीदास का आविर्भाव दिखाया है। दूर कहीं व्यंजना में समकालीन अँग्रेजी संस्कृति के आतंक से जूझने के लिए कवि अपने को भी वैसी भूमिका में देख रहा है। द्विवेदी युगीन राष्ट्रीयता का रंग छायावाद युग में यों कुछ मद्धिम पड़ता है। अब लेखक की चिंता सांस्कृतिक अस्मिता को लेकर अधिक है।

नयी कविता में पहुँचकर राष्ट्रीयता की भावना गुणात्मक रूप में बदल जाती है। अब वह अपने आप को जन-चेतना से अधिक संबद्ध करती है। इसका कुछ कारण तो व्यावहारिक परिस्थितियों में है जहाँ देश के स्वतंत्र होने पर राष्ट्रीयता का आपसे-आप रूपांतर होता है। 'नयी कविता' इस रूप में स्वाधीन भारत की पहली काव्याभिव्यक्ति है। इसके अतिरिक्त कुछ दबाव अंतर्राष्ट्रीय मानस में उसकी साझेदारी से आता है। राष्ट्रीयता अब विदेशी शासन और शोषण से मुक्ति की ही समस्या नहीं, अब वह समूचे राष्ट्र को समरस बनाने की भी समस्या है। देश अब प्राकृतिक और राजनैतिक नक्शे के साथ-साथ एक आत्मीय नक्शे के रूप में भी उसके मानस में उभरता है, जिसके लिए बिंब-विधान स्पष्ट ही जटिलतर और सूक्ष्मतर होता जाता है। 'चाँद का मुँह टेढ़ा है' में मुक्तिबोध, 'आत्महत्या के विरुद्ध' में रघुवीरसहाय और अपनी अनेक उत्तरकालीन कविताओं में अज्ञेय देश की ऐसी ही नयी पहिचान उभारते हैं।

आधुनिक काल में हिंदी कविता के विकास-क्रम को देश और साहित्य के नये तथा महत्त्वपूर्ण कोण से देखने पर यह जो चित्र बनता है उसमें मैथिलीशरण गुप्त का विशिष्ट स्थान है। मुख्यत: इसीलिए, व्यापक आलोचकीय अनिच्छा के बावजूद, उनकी कविता आधुनिक युग की बड़ी उपलब्धियों में गिनी जाती है। मैथिलीशरण गुप्त जब राष्ट्रीय भाव-बोध को लेकर आगे आते हैं तो उससे जुड़ा हुआ उनका भारतीय व्यक्तित्व में आस्था-भाव पहिचान में आता है, जो अलग-अलग ढंग से उनके रचनात्मक बड़प्पन का कारण और प्रमाण दोनों है। जब उन्होंने लिखना आरंभ किया था उस समय हमारे साहित्य और समाज में दो प्रकार के सांस्कृतिक आतंक प्रचलित थे, एक संस्कृत का आतंक दूसरे अँग्रेजी का। किसी भी प्रसंग में संस्कृत का एक श्लोक उद्धृत कर देने का अर्थ सामान्य जन-समाज में यह था कि अब इसके आगे तर्क-वितर्क की कोई संभावना नहीं रह गई और कि अब किसी अन्य प्रमाण की अपेक्षा भी नहीं है। अँग्रेजी बोलने का भी ऐसा ही या इससे कुछ अधिक प्रभाव होता था। और जो संस्कृत तथा अँग्रेजी दोनों पर अधिकार रखता हो वह निश्चय ही शीर्षस्थ था। रवीन्द्रनाथ ठाकुर, जवाहरलाल नेहरू और राधाकृष्णन् की त्रयी में इस दृष्टि से राधाकृष्णन् का सम्मान सबसे अधिक था।

पंडितों और साहबों के महत्त्व के इस युग में मैथिलीशरण गुप्त खड़ी बोली की कविता लेकर आगे आते हैं। उनके रचनात्मक व्यक्तित्व की यह सबसे बड़ी विशेषता है कि अपने निपट देसीपन को वे इन दोनों प्रकार के आभिजात्य से आतंकित नहीं होने देते, और न ही उनके प्रति वे कोई अवमानना प्रदर्शित करते हैं। साधारण घर और उसके परिवेश को चित्रित

करने में वे कहीं कुंठित नहीं होते—'छोटे से मिट्टी के घर हैं / लिपे पुते हैं स्वच्छ सुघर हैं / कहीं लौकियाँ लटक रही हैं / काशीफल-कूष्मांड कहीं हैं।' सब्जियों में निरीह लौकी को वे वर्णन के योग्य मानते हैं। मैथिलीशरण गुप्त ने यों साधारणता को आत्मविश्वास दिया; यही देसीपन उनकी लोकप्रियता का कारण है और राष्ट्रकवि उपाधि का औचित्य!

मैथिलीशरण गुप्त की धज से कई बार लोगों को भ्रम हुआ है कि वे वृत्ति से कट्टर धार्मिक और इसलिए विचार-धारा से अनिवार्यत: सांप्रदायिक थे। उनकी राष्ट्रीयता के स्वरूप पर यह बड़ा प्रश्न-चिन्ह बन कर आता है। इस प्रसंग में 'भारत-भारती' का पहले ही चर्चित यह उद्‌धरण पर्याप्त होना चाहिए उस भ्रम का निवारण करने के लिए। 'वर्तमान खंड' में भारत की गाय—जो परंपरागत हिंदू धर्म की बड़ी सबल प्रतीक रही है—मुसलमानों को सीधे संबोधित करके कहती है—

'हिंदू तथा तुम सब चढ़े हो एक नौका पर यहाँ,
जो एक का होगा अहित तो दूसरे का हित कहाँ?
सप्रेम हिलमिल कर चलो यात्रा सुखद होगी तभी,
पीछे हुआ सो हो गया अब सामने देखो सभी।'

यहाँ हिंदू और मुसलमान दोनों का एक नाव में सवार होने का प्रतीक जितना अर्थ-गर्भ है सामान्य जन-जीवन में उतना ही प्रचलित मुहाविरे से जुड़ा हुआ है—दोनों की नियति वर्तमान भारत में अलग-अलग नहीं एक-दूसरे से बँधी हुई है, इस तथ्य की प्रतीति कवि जन साधारण को करा देना चाहता है। और अंत में आग्रह इस बात के लिए करता है कि इतिहास के झगड़ों में मत पड़ो; वहाँ अधिक ताकने-झाँकने से विद्वेष के बढ़ने की संभावना है, अब जरूरत है भविष्य की ओर उन्मुख होने की—'पीछे हुआ सो हो गया अब सामने देखो सभी।' दोनों की नियति जब एक दूसरे से इस तरह बँधी है तो दोनों को मिलकर विदेशी अँग्रेज शासक के साथ संघर्ष करना अभीष्ट है। इससे बड़ी प्रगतिशील और व्यावहारिक दृष्टि आज भी संभव नहीं कि हिंदू और मुसलमानों के हित भारतवर्ष में एक-दूसरे से जुड़े हुए हैं; और इसलिए उनके कार्यक्रम संयुक्त होने चाहिए।

वर्ष १९८६ में राष्ट्रकवि की जन्म-शताब्दी मनाते हुए कई तरह के विरोधाभास नजर आए, विशेषत: राजधानी दिल्ली में। मैथिलीशरण गुप्त राज्य सभा के मनोनीत सदस्य दो पूरे कार्य-काल रहे—एक कार्य-काल छ: वर्ष का होता है—और वहाँ की संस्कृति पश्चिम से अधिकाधिक आक्रांत होती दिखती है। कवि ने 'भारत भारती' में व्यंग किया था—

दृष्टांत बनते हैं अधिक वे इस कहावत के लिए—
'बारह बरस दिल्ली रहे पर भाड़ ही झोंका किए!'

पर उसने यह नहीं सोचा होगा कि यह व्यंग इतने क्रूर रूप में उसी पर लौट पड़ेगा। विडंबना यह है कि देश जब राजनैतिक दृष्टि से गुलाम था तब सांस्कृतिक स्तर पर स्वाधीन था, आज राजनैतिक दृष्टि से स्वाधीनता है पर सांस्कृतिक रूप में गुलामी गहरी होती जा रही है।

सांस्कृतिक स्तर पर स्वाधीनता की चिंता का बड़ा पुष्ट प्रमाण छायावादी काव्य प्रस्तुत करता है। श्रीधर पाठक, अयोध्यासिंह उपाध्याय 'हरिऔध' तथा मैथिलीशरण गुप्त खड़ी बोली कविता का आरंभिक रूप प्रकट करते हैं तो छायावाद खड़ी बोली कविता की वयस्कता का काव्य है। और वयस्कता के साथ प्रश्नों तथा आकुल जिज्ञासाओं का आरंभ होता है। 'प्रथम

रश्मि का आना, रंगिणि! तूने कैसे पहिचाना?', 'बाले! तेरे बाल-जाल में कैसे उलझा दूँ लोचन? भूल अभी से इस जग को!' सुमित्रानंदन पंत की इन पंक्तियों में छायावाद की आरंभिक पहिचान बनती दिखती है।

'छायावाद' पद में 'छाया' प्रयोग को लेकर कई तरह की व्याख्याएँ चलती रही हैं। सामान्य अर्थ लिया गया कविता में परब्रह्म का प्रतिबिंब। कुछ आलोचकों ने 'छाया' का अर्थ किया वायवीय-सूक्ष्म-अमूर्त्त। एक अन्य अर्थ हुआ प्रभाव-अनुकरण। स्पष्ट ही व्याख्या की ये दोनों दिशाएँ छायावाद के विरोधी आलोचकों की थीं, जो या तो मानते थे कि इस नयी काव्य-धारा का जीवन-यथार्थ से कोई संबंध नहीं, या जिनका मानना था कि छायावादी कविता अँग्रेजी रोमांटिक कवियों के प्रभाव में विकसित हुई है। छायावाद की एक अन्य व्याख्या उसके वरिष्ठ कवि जयशंकर प्रसाद ने दी। अपने निबंध 'यथार्थवाद और छायावाद' में वे लिखते हैं—'मोती के भीतर छाया की जैसी तरलता होती है वैसी ही कांति की तरलता अंग में लावण्य कही जाती है...शब्द और अर्थ की यह स्वाभाविक वक्रता विच्छत्ति, छाया और कांति का सृजन करती है...इस वैचित्र्य का सृजन करना विदग्ध कवि का ही काम है...छाया भारतीय दृष्टि से अनुभूति और अभिव्यक्ति की भंगिमा पर अधिक निर्भर करती है। ध्वन्यात्मकता, लाक्षणिकता, सौंदर्यमय प्रतीक विधान तथा उपचार वक्रता के साथ स्वानुभूति की विवृति छायावाद की विशेषताएँ हैं।' यहाँ रचनाकार प्रसाद ने छायावाद की व्याख्या में तथाकथित भावपक्ष और कला-पक्ष के द्वैत को मिटाते हुए 'अनुभूति और अभिव्यक्ति की भंगिमा' पर एक साथ बल दिया है, जब कि आलोचक शुक्ल ने छायावाद के अंतर्गत दोनों को अलग-अलग स्तरों पर छायावाद के अंतर्गत स्थान दिया है। 'हिंदी साहित्य का इतिहास' में छायावाद प्रकरण के अंतर्गत वे लिखते हैं, 'छायावाद' शब्द का प्रयोग दो अर्थों में समझना चाहिए। एक तो रहस्यवाद के अर्थ में, जहाँ उसका संबंध काव्य-वस्तु से होता है अर्थात् जहाँ कवि उस अनंत और अज्ञात प्रियतम को आलंबन बना कर अत्यंत चित्रमयी भाषा में प्रेम की अनेक प्रकार से व्यंजना करता है...'छायावाद' शब्द का दूसरा प्रयोग काव्यशैली या पद्धति विशेष के व्यापक अर्थ में है...छायावाद का सामान्यतः अर्थ हुआ प्रस्तुत के स्थान पर उसकी व्यंजना करने वाली छाया के रूप में अप्रस्तुत का कथन।' यों छायावाद के प्रसंग में प्रसाद तथा आचार्य शुक्ल के बीच बड़ी समानता यह है कि दोनों उसकी पहिचान प्रथमतः काव्यभाषिक स्तर पर करते हैं, 'छाया' शब्द की दोनों द्वारा की गई व्याख्या इसे भली भाँति स्पष्ट करती है। एक के लिए वहाँ 'शब्द-विन्यास में ऐसा पानी चढ़ा कि उसमें एक तड़प उत्पन्न करके सूक्ष्म अभिव्यक्ति का प्रयास किया गया' तो दूसरे के लिए वह 'प्रस्तुत के स्थान पर उसकी व्यंजना करने वाली छाया के रूप में अप्रस्तुत का कथन' है। कवि और आलोचक के बीच ऐसी सहानुभूति अपने में विरल है, जब कि सामान्यतः छायावाद के प्रसंग में जयशंकर प्रसाद और रामचंद्र शुक्ल के बीच वैषम्य, तथा छायावाद के प्रति आचार्य शुक्ल के विरोध पर बल अधिक दिया जाता रहा है। वस्तुतः अंतर पड़ता है जहाँ प्रसाद 'अनुभूति और अभिव्यक्ति' की समग्रता को लक्षित करते हैं और शुक्ल 'काव्य-वस्तु' तथा 'काव्यशैली' के रूप में उनके अलगाव को। इस समूचे वैचारिक विकास-क्रम में व्याख्या की संश्लिष्टता यदि कवि के हक़ में हो तो यह स्वाभाविक है।

हिंदी समीक्षा में 'छायावाद' शब्द बहुत बार एक दुर्वचन के रूप में प्रयुक्त होता दिखता है। भावुकता, कल्पना-विलास, यथार्थ से अलगाव, और जिसे आचार्य शुक्ल ने अपने इतिहास

में 'मधुचर्या' कहा, इन विविध मनःस्थितियों को वर्णित करने के लिए एक झोला शब्द 'छायावाद' चल जाता है। यह परिस्थिति जहाँ अतिसरलीकरण से उत्पन्न हुई है वहीं अनेक विभ्रमों को उपजाती है। 'छायावाद' के समतुल्य अँग्रेजी में 'रोमांटिक' शब्द भी कभी-कभी हल्के तिरस्कार के भाव को लपेटे रहता है, जब कि 'सेंटीमेंटल' शब्द का प्रयोग तो निश्चित रूप से खिल्ली उड़ाने के लिए होता है। पर इस तरह के दोनों अँग्रेजी प्रयोग सामान्य बोलचाल के क्षेत्र में ही अधिक चलते हैं। साहित्यिक संदर्भों में 'रोमांटिक' शब्द अपने पूरे भाव-गांभीर्य के साथ प्रयुक्त होता है। हिंदी में 'छायावाद' शब्द इस तुलना में परवर्ती युग में अवमूल्यित दिखता है। एक उदाहरण प्रस्तुत है : संदर्भ निराला की कविता 'तोड़ती पत्थर' का है, विश्लेषण एक नये कवि-समीक्षक द्वारा—'ये सारे शब्द बंध छायावादी हैं और गाढ़े के कुर्ते में चमकते हुए रेशमी पैबंद-से लगते हैं, जो सौंदर्य को बढ़ाते नहीं, उसका खुरदुरापन भंग करते हैं।' समीक्षा के एक नये रूप में, जो मुख्यतः नयी कविता और वामपक्षीय विचार-धारा के मिले-जुले संदर्भों से विकसित हुआ है, 'छायावादी' शब्द का यह प्रतिनिधि प्रयोग कहा जा सकता है। आचार्य शुक्ल के बाद छायावादी काव्य की जो समझ मुख्यतः नंददुलारे वाजपेयी के माध्यम से विकसित हुई थी वह फिर परवर्ती काव्य-आंदोलनों के उत्साह-अतिरेक में क्रमशः मंद पड़ गई।

स्पष्ट ही यहाँ प्रश्न एक विशेष शब्द के प्रयोग का नहीं है। मुख्य बात है ऐतिहासिक विकास-क्रम में उस प्रयोग से द्योतित रचना-धारा के प्रति दृष्टिकोण की। साहित्य के इतिहास में किसी भी रचना-धारा के लिए कोई नामकरण कभी पूरे तौर पर तोषप्रद नहीं हो सकता, 'छायावाद' भी नहीं है। पर देखना यह है कि नामकरण के प्रति असंतोष रचना-धारा ही के प्रति पूर्वग्रह न बना दे। यह सचमुच एक विचित्र स्थिति है कि साधारण ढंग से छायावाद कहने पर चाँदनी रात, नौका विहार, जुही की कली आदि से संबद्ध कविताओं की याद अधिक दिलाई जाती है, 'कामायनी' (प्रसाद), 'राम की शक्ति पूजा', 'तुलसीदास' (निराला) को पृष्ठभूमि में डाल दिया जाता है। छायावाद का यह मनश्चित्र बनाने में कुछ उस युग के समीक्षकों और इतिहासकारों का योग-दान है जो छायावाद को मूलतः प्रकृति संबंधी काव्य मानना चाहते थे। प्रकृति-काव्य के प्रेमी होने के कारण स्वयं रामचंद्र शुक्ल इसी धारणा के निकट थे। उनका आग्रह तो यहाँ तक था कि प्रकृति को ही सर्वतः आलंबन मान कर कविता लिखी जा सकती है, लिखी जानी चाहिए। मानो उदाहरण प्रस्तुत करने की दृष्टि से उन्होंने स्वयं एक लंबी कविता सवैया-जैसे छंदों में लिखी थी—'कविता, वह हाथ उठाए हुए, चलिए कवि वृंद बुलाती वहाँ'। 'हिंदी साहित्य का इतिहास' में छायावादी कवि-चतुष्टय में से सुमित्रानंदन पंत के काव्य के प्रति विशेष रुझान का एक कारण भी आचार्य शुक्ल के मन का यह प्रकृति-प्रेम और उसके प्रति उत्साह है।

यह ठीक है कि छायावादी कवियों के आरंभिक काव्य में प्रकृति के प्रति एक किशोर सम्मोहन-भाव दिखता है; पर धीरे-धीरे इस प्रकृति का स्थान मानवीय जीवन और उसकी विविध जटिल भाव-भूमियाँ ले लेती हैं। जब सुमित्रानंदन पंत ने शुरू-शुरू में लिखा था—

छोड़ द्रुमों की मृदु छाया
तोड़ प्रकृति से भी माया,
बाले! तेरे बाल-जाल में कैसे उलझा दूँ लोचन?
भूल अभी से इस जग को!

तब शायद उनके 'जग' में प्रकृति का ही विशेष महत्व था! पर यथार्थ की समझ के प्रयत्न में प्रकृति को बाद दिए बिना भी उनकी तथा अन्य छायावादी कवियों की कविताओं में मनुष्य और उसके सामाजिक परिवेश का तनाव क्रमशः केंद्र में आता जाता है। विडंबना इस बात की है कि स्वयं इन कवियों की विश्व-दृष्टि जहाँ जटिलतर और समृद्धतर होती गई है, वहाँ इन कवियों के काव्य का जो मनश्चित्र हिंदी पाठकों और समीक्षकों की पहली पीढ़ी में बना था वह हमारे साहित्यिक वातावरण में अभी परिव्याप्त है।

प्रकृति-काव्य और छायावादी काव्य में विभ्रम उत्पन्न होने की संभावना है, इस बात को जयशंकर प्रसाद ने समझा था। अपने निबंध 'यथार्थवाद और छायावाद' का समापन करते हुए उन्होंने लिखा, 'प्रकृति विश्वात्मा की छाया या प्रतिबिंब है, इसलिए प्रकृति को काव्यगत व्यवहार में ले आकर छायावाद की सृष्टि होती है, यह सिद्धांत भी भ्रामक है। यद्यपि प्रकृति का आलंबन, स्वानुभूति का प्रकृति से तादात्म्य नवीन काव्यधारा में होने लगा है, किंतु प्रकृति से संबंध रखने वाली कविता को ही छायावाद नहीं कहा जा सकता।' इतनी खरी चेतावनी के संदर्भ में अच्छी तरह समझा जा सकता है कि रचनात्मक स्तर पर प्रकृति का सीमित उपयोग ही छायावादी कवियों ने किया है।

यह बात कहने पर कुछ अटपटी-सी लग सकती है कि हिंदी में छायावाद का मनश्चित्र बनाने में एक बड़ा योग-दान रवीन्द्रनाथ ठाकुर, विशेषतः उनकी 'गीतांजलि' का है। क्योंकि आरंभिक काल में यह मान कर चला जाता था कि हिंदी का छायावादी काव्य बँगला के अनुकरण पर है (द्र०'पुराने ईसाई संतों के छायाभास तथा यूरोपीय काव्य-क्षेत्र में प्रवर्तित आध्यात्मिक प्रतीकवाद के अनुकरण पर रची जाने के कारण बंगाल में ऐसी कविताएँ 'छायावाद' कही जाने लगी थीं। यह 'वाद' क्या प्रकट हुआ, एक बने-बनाये रास्ते का दरवाजा खुल पड़ा और हिंदी के कुछ नए कवि उधर एकबारगी झुक पड़े।'—रामचंद्र शुक्ल : 'हिंदी साहित्य का इतिहास', पृ० ५६६), अतः 'गीतांजलि' में जैसा प्रकृति-चित्रण, मानवीय प्रेम और अध्यात्म का संश्लेष था, वैसा ही काव्यात्मक वातावरण छायावाद का मान लिया गया। हिंदी पाठक की यह विचित्र दीक्षा थी कि 'गीतांजलि' पढ़ने पर उसे जैसी अनुभूति होती, वैसी ही अनुभूति वह अनिवार्यतः छायावादी आस्वादन के साथ जोड़ लेता था।

पुनर्जागरण काल से बंगाल का प्रभाव मध्यदेशीय जीवन पर रहा है। साधारण आचार-व्यवहार से लेकर साहित्यिक रचना-कर्म के लिए मध्यदेश को बहुत बार आदर्श बंगाल से मिलता था; यह तत्कालीन संस्कृति के प्रवाह की दिशा थी। भौगोलिक और ऐतिहासिक दृष्टि से यह स्वाभाविक था, क्योंकि उन्नीसवीं शताब्दी में पुनर्जागरण का नेतृत्व बंगाल ने किया था। रामचंद्र शुक्ल, युगीन प्रवृत्ति के अनुकूल कई बँगला उपन्यासों का अनुवाद करने के बावजूद, हिंदी में इस बँगला संपर्क से बहुत खिन्न और खीजे रहते हैं। 'काव्य में रहस्यवाद' शीर्षक लंबे निबंध में उनकी यह प्रतिक्रिया जगह-जगह व्यक्त होती है—'यह नकल—जैसे सब नकलें—बँगला में शुरू हुई। अतः हिंदी वालों में कुछ बेचारे तो बंग पदावली के अवतरण से ही संतुष्ट रहते हैं और कुछ—जिन्हें अँग्रेजी का भी थोड़ा बहुत परिचय रहता है—सीधे अँग्रेजी से, जहाँ से बंगाली लेते हैं, लाक्षणिक पदावली उठाया करते हैं।'...'बुद्धि को रुग्ण करने वाली, पाखंड का प्रचार करने वाली यह हवा अँग्रेजी से बँगला में और बँगला से हिंदी में आई।' बँगला के प्रति आचार्य शुक्ल का यह क्रोध कुछ अतिरंजित ही लगता है। जरूरत इस बात की है कि बँगला के अंधानुकरण प्रसंग को परे रख कर उसके निर्मायक प्रभाव को

समझने का यत्न किया जाए। निराला का काव्य-व्यक्तित्व मनोविश्लेषण के स्तर पर एक गुत्थी है, उसका कोई समाधान नहीं होता, यदि उसमें से बंगाल के संपर्क को बाद कर दिया जाए। निराला बैसवाड़े के ग्रामीण परिवार के थे, पिता सामान्य सिपाही-दरबान, शिक्षा कुछ हुई नहीं, हिंदी भाषा के जीवित संपर्क से अलग रहे, फिर उनके काव्य में यह रचनात्मक ऊर्जा कहाँ से आती है? १९२७ में वरिष्ठ कवि जयशंकर प्रसाद को अपने गाँव गढ़ाकोला से एक पत्र में निराला लिखते हैं, 'आप मुझे लिफाफे में पत्र लिखने पर अपना एक सादा letter paper साथ ही रख दिया कीजिएगा। यहाँ कागज का बड़ा अभाव रहता है। बज्र देहात है।' यह स्थिति ठेठ हिंदी क्षेत्र के उस इलाके की है जहाँ 'सरस्वती'-संपादक महावीरप्रसाद द्विवेदी, और आधुनिक काल के बड़े कवि सूर्यकान्त त्रिपाठी निराला का जन्म और पालन-पोषण हुआ, और उस कवि की आर्थिक-सामाजिक परिस्थिति है जिसे 'राम की शक्ति पूजा' लिखनी है। तब विधेयवादी दृष्टिकोण का समर्थन न करते हुए भी, दिखता है कि बैसवाड़े के संस्कारों को परिष्कार कलकत्ता से टकराहट में मिला। हिंदी साहित्य के क्षेत्र में बँगला का यह रचनात्मक संपर्क आधुनिक काल में भारतेंदु के समय से ही दिखाई देने लगता है। 'भारतेंदु हरिश्चंद्र' नामक अपने ग्रंथ में भारतेंदु के पिता बाबू गोपालचंद्र की कृतियों में से 'प्रेमतरंग' का ब्यौरा देते हुए ब्रजरत्नदास लिखते हैं, 'ग्रंथकर्त्ताओं में स्वर्गीय श्री बाबू गोपालचंद्र उपनाम 'गिरिधरदासजी' तथा भारतेंदु हरिश्चंद्र का नाम दिया है। इसमें ६४ पृष्ठ और ३६१ पद हैं, जिसमें बाबू गिरिधरदास के २३, बाबू हरिश्चंद्र के २०४ और ४४ 'चंद्रिका' उपनाम के हैं। अंतिम ३४ बँगला के हैं।' (पृ० ५८) 'प्रेमतरंग' के वर्तमान रूप में पहली १०० रचनाएँ हरिश्चंद्र की हैं—ब्रज़भाषा पद और कुछ खड़ी बोली नज्म। फिर 'बँगला गान' हैं संख्या में ४६ जो अधिकतर 'चंद्रिका' उपनाम के हैं, कुछ में हरिश्चंद्र की भी छाप है, और अंत में 'रसा' उपनाम से भारतेंदु की दो उर्दू ग़ज़ल हैं। 'चंद्रिका' के बारे में बताया जाता है कि वे भारतेंदु की बंगालिन मित्र थीं।

हिंदी आलोचना में पिछले कुछ समय से इस बात पर विशेष बल दिया गया है कि हिंदी नवजागरण का संबंध बंगाल के पुनर्जागरण से नहीं, बल्कि १८५७ के सिपाही विद्रोह से है। अपनी पुस्तक 'महावीर प्रसाद द्विवेदी और हिंदी नवजागरण' (१९७७) में रामविलास शर्मा ने इस दृष्टिकोण को बलपूर्वक स्थापित करना चाहा है। उनके अनुसार सिपाही विद्रोह हिंदी क्षेत्रीय पुनर्जागरण की पहली मंजिल है। पुनर्जागरण की सांस्कृतिक प्रक्रिया के इस पक्ष का विश्लेषण करते समय महत्वपूर्ण प्रश्न यह उठता है कि तद्‌युगीन हिंदी साहित्य विशेषतः भारतेंदु का दृष्टिकोण सिपाही विद्रोह को लेकर क्या रहा है। अँग्रेजी राज के प्रति भारतेंदु का भाव कुल मिला कर आ-निकर्षण का है, आकर्षण और विकर्षण दोनों साथ-साथ। वे अँग्रेजी शासन की अंधेरगर्दी का जैसे खुल कर वर्णन करते हैं वैसी ही आत्मीयता के साथ महारानी विक्टोरिया की कल्याण-कामना करते हैं। १८५७ के स्वतंत्रता-संग्राम के प्रति वे आकृष्ट होते हैं, पर अँग्रेजी शासन के प्रति भय और आशंका की मिली-जुली मुद्रा में—

कठिन सिपाही द्रोह अनल जा जल बल नासी।
जिन भय सिर न हिलाय सकत कहुँ भारतवासी॥

(विजगिनी विजय बैजयन्ती)

यहाँ कवि द्वारा प्रयुक्त द्रोह के लिए 'अनल' तथा उसके नाशकर्त्ता के लिए 'जल' के बिंब भी किसी सीमा तक उसके रुख को स्पष्ट करते हैं। इस तुलना में बंगाल की सांस्कृतिक

सजगता के प्रति, जैसा दिखाया जा चुका है, भारतेंदु का कई संदर्भों में गहरा लगाव रहा है। तथ्य और व्याख्या में तालमेल न रहने पर इस उक्ति के चरितार्थ होने की संभावना बराबर रहेगी कि घटित हुई घटनाओं का बदलना तो ईश्वर के भी बस की बात नहीं, इसके लिए उसे इतिहासकारों का सहारा लेना पड़ता है। मध्यदेश की राजनैतिक जागरूकता और बंगाल की सांस्कृतिक प्रक्रिया के अंतर और संबंध को समझ कर जब भारतीय पुनर्जागरण की व्याख्या की जाएगी तभी वह आचार्य शुक्ल की शब्दावली में 'ठीक-ठिकाने की' होगी।

भारतेंदु ने बँगला में लिखा और वहाँ से कई तरह के अनुवाद किए। मैथिलीशरण गुप्त ने प्रख्यात आधुनिक बँगला कवि माइकेल मधुसूदन की कई रचनाओं का पद्यानुवाद किया। निराला में बँगला का संस्कार कई रूपों में आया तो उसका एक स्पष्ट कारण यह भी था कि बँगला उनके लिए आरंभ में प्रथम भाषा की तरह रही। अज्ञेय ने बँगला काव्य का रचनात्मक उपयोग अपने साहित्य में जगह-जगह किया और रवीन्द्र तथा शरत् के अनुवाद भी किए। यों आधुनिक काल के एकदम आरंभ से आधुनिक रचनाकार अज्ञेय तक बँगला का संपर्क हिंदी के लिए फलप्रद रहा है। इस समूची अवधि में बँगला के प्रभाव क्षेत्र से बाहर रह कर लिखनेवाले बड़े हिंदी लेखक जयशंकर प्रसाद रहे हैं। प्रसाद का रचनात्मक व्यक्तित्व यहाँ कई रूपों में खाँटी और निस्पृह कहा जा सकता है; बँगला और अँग्रेजी प्रभावों से प्रायः निरपेक्ष रह कर वे अपने रचना-कर्म में संलग्न रहे।

पर निराला का योग-दान अपने ढंग से कम महत्त्वपूर्ण नहीं रहा। पुनर्जागरण के बँगला मनीषी रामकृष्ण देव, विवेकानंद और रवीन्द्रनाथ से प्रेरणा लेकर निराला साहित्यिक रचनात्मक ऊर्जा में अपनी गुरु-परंपरा से आगे बढ़ जाते हैं। दुर्गा-पूजा के देश बंगाल में शक्ति-आराधना पर वैसी ऊर्जस्वित रचना नहीं लिखी गई जैसी 'राम की शक्ति पूजा' है। शक्ति का मंत्र निराला को और सुमित्रानंदन पंत को बंगाल से मिला, पर शक्ति-काव्य मध्यदेश अथवा हिंदी प्रदेश में इन छायावादी कवियों ने रचा। 'कामायनी', 'तुलसीदास', 'राम की शक्ति पूजा' में शक्ति और मानवीय चेतना का जैसा आख्यान है वैसा बँगला काव्य या स्वयं रवीन्द्रनाथ में नहीं मिलता। बंगाल की सुकुमार कल्पना और सूक्ष्म प्रतिभा मध्यदेशीय पौरुष के संपर्क में, तथा ब्रजभाषा के विरोध में उठ खड़ी हुई खड़ी बोली की खड़खड़ाहट बँगला भाषा की कोमलता के संस्पर्श से शक्ति और दीप्ति का संश्लेष बन गई। बंगाल से जो कुछ निराला ने लिया उसमें बहुत कुछ जोड़ कर जैसे उन्होंने गुरु-ऋण को पूरा किया। इसीलिए रवीन्द्रनाथ का काव्य और 'गीतांजलि' जिस वातावरण का निर्माण करते हैं वह हिंदी के छायावादी काव्य-संसार का एक अंश-मात्र है, उसके केंद्र में तो शक्ति चेतना का वह उत्स है जिसने भारतीय पुनर्जागरण को परिचालित किया था, और जो फिर क्रमशः साहित्य के सूक्ष्म स्तरों पर उन्मुक्त हुआ। रवीन्द्रनाथ में प्रकृति और राष्ट्रीयता के विविध रूप हैं शृंगार और अध्यात्म का सूक्ष्म चित्रण है, प्रार्थना की गहराई है, पर शक्ति-काव्य का वह रूप नहीं जो प्रसाद या निराला में मिलता है।

इस तरह छायावाद महज़ संध्या सुंदरी, चाँदनी रात या नौका विहार का चित्र नहीं है। वह मूलतः शक्ति-काव्य है, पुनर्जागरण चेतना का व्यापक और सूक्ष्म रूप है, और अपनी अर्थ प्रक्रिया में मानव व्यक्तित्व को गहरे स्तरों पर समृद्ध करता है। इस युग की प्रतिनिधि रचना जयशंकर प्रसाद की 'कामायनी' में देव और असुर संस्कृतियों से भिन्न, और उनकी तुलना में अधिक सर्जनात्मक मानवीय संस्कृति के विकास का आख्यान है, उसके वर्तमान संकट की

समझ है और इस संकट से बचाव की संभाव्य दिशा संकेतित है। थके और पराजित मनु के प्रति अपने उद्‌बोधन का समापन श्रद्धा इन शब्दों में करती है—

शक्ति के विद्युत्कण, जो व्यस्त
विकल बिखरे हैं, हो निरुपाय;
समन्वय उसका करे समस्त
विजयिनी मानवता हो जाय।

यहाँ मूल संदेश शक्ति के नियोजन का है और संदर्भ राष्ट्रीय होते हुए भी चिंता समस्त मानवता की है। इसी के समानांतर स्थिति निराला की लंबी कविता 'राम की शक्ति पूजा' में है। रावण के पक्ष में शक्ति आ गई हैं, राम यह जान-समझ कर स्तब्ध और हताश हैं—

'अन्याय जिधर, हैं उधर शक्ति' कहते छल-छल
हो गए नयन, कुछ बूँद पुनः ढलके दृगजल

प्रसाद के मनु और निराला के राम की हताश मन:स्थिति बहुत-कुछ मिलती-जुलती है। मनुष्य-मात्र के जीवन में कभी-न-कभी ऐसी मन:स्थिति आती है जब उसके मुँह से निकल पड़ता है 'अन्याय जिधर, हैं उधर शक्ति'। पर मनुष्य का साहस और सर्जन-क्षमता उसका अतिक्रमण भी करती है। जाम्बवान राम को परामर्श देते हैं—

शक्ति की करो मौलिक कल्पना, करो पूजन,
छोड़ दो समर जब तक न सिद्धि हो रघुनंदन।

'शक्ति की करो मौलिक कल्पना'—संपूर्ण कविता की रचना-दृष्टि यहीं से आलोकित और प्रवाहित होती है। शक्ति की परिकल्पना अनुकरण में संभव नहीं, शक्ति को सदा मौलिक रूप में ही परिकल्पित किया जा सकता है। शताब्दियों से पराधीन देश को इससे बड़ी और सार्थक दृष्टि कोई नहीं दे सकता। यहाँ राम जितने अपने लिए हैं, उतने ही सामूहिक राष्ट्रीय मन के प्रतीक हैं और उतने ही स्वयं कवि-व्यक्तित्व के। ये कई अर्थ-स्तर एक-दूसरे से टकरा कर मानवीय आत्म-शक्ति का एक विराट् आख्यान प्रस्तुत करते हैं। कविता का अंत होता है—

'होगी जय, होगी जय, हे पुरुषोत्तम नवीन!
कह महाशक्ति राम के वदन में हुईं लीन।

महाशक्ति का राम के वदन में लीन हो जाना आत्मशक्ति के विकास की ही व्यंजना देता है। शक्ति अपने से बाहर कहीं नहीं, अपने ही अंदर है, केवल उसे जाग्रत और विकसित करना है और यह प्रक्रिया अपने में मौलिक है, विशिष्ट है। इसी संदर्भ में शक्ति की मौलिक कल्पना करने में क्षम राम को संबोधित करते हुए उन्हें 'नवीन' पुरुषोत्तम कहा गया है। श्रद्धा सर्ग की अंतिम पंक्तियों में शक्ति और विजय का जो संदेश है—'विजयिनी मानवता हो जाय' वह यहाँ दूसरे कथा-वृत्त के बीच से फूटता है। शक्ति-साधना का मूल स्वर एक है।

और यही स्वर एक अपेक्षया विस्तृत फलक पर निराला के 'तुलसीदास' में मुखरित होता है। 'तुलसीदास' काव्य कवि तुलसी की रचना-प्रक्रिया को गतिशील होते हुए अंकित करता है, और रचना-शक्ति के विमुक्त होने में राष्ट्रीय जीवन के सांस्कृतिक संदर्भों और कवि के वैयक्तिक प्रणय की अंतर क्रिया को सूक्ष्म स्तरों पर आलोकित करता है। रत्नावली के जन-प्रचलित कथानक को लेकर निराला ने कवि के मनोवैज्ञानिक, सांस्कृतिक तथा सर्जनात्मक पक्षों को एक संश्लिष्ट रूप में उभारा है। काव्य के अंतिम अंश में तुलसी को अपनी प्रिया का

व्यक्तित्व देवी भारती (सरस्वती) में रूपांतरित होते दिखता है, उनकी आरंभिक सांस्कृतिक चिंतना और पत्नी के प्रति एकांत प्रणय-भाव जैसे एक-दूसरे में विलीन हो जाते हैं। उनके हृदय में एक नया स्वर उठता है, जो 'आसुर भावों से भूने' प्रदेश में सर्वत्र गूँज उठता है। उस स्वर-क्रम का एक छंद इस प्रकार है—

'होगा फिर से दुर्धर्ष समर
जड़ से चेतन का निशिवासर;
कवि का प्रति छवि से जीवनहर, जीवनभर;
भारती इधर, हैं उधर सकल
जड़ जीवन के संचित कौशल;
जय, इधर ईश, हैं उधर सबल माया-कर।

संस्कृतियों और विचारधाराओं का संघर्ष यों निराला द्वारा चित्रित तुलसी के 'रामचरितमानस' का प्रमुख उपजीव्य बनता है, 'भारती इधर, हैं उधर सकल / जड़ जीवन के संचित कौशल'। यह संघर्ष निराला के 'तुलसीदास' का है, स्वयं अपने कवि-कर्म में निराला का है, जिसे वे 'राम की शक्ति पूजा' में राम के माध्यम से अंकित करते हैं। ('रावण अधर्मरत भी अपना मैं हुआ अपर—') इस तरह एक ही रचना में कई स्तरों पर यह जीवन-मूल्यों और पक्षों का संघर्ष चित्रित हुआ है, जिसे 'शक्ति पूजा' के आरंभ में कवि ने कुछ नाटकीय मुद्रा में 'राम-रावण का अपराजेय समर' कहा है। 'कामायनी' की तो मूल वस्तु यही है—देव-असुर और मानव संस्कृतियों की टकराहट। पहले देव और असुर संस्कृतियों का संघर्ष है, जिसका चित्रण प्रधानतः इड़ा सर्ग में हुआ है (था एक पूजता देह दीन / दूसरा अपूर्ण अहंता में अपने को समझ रहा प्रवीण)। फिर देव और असुरों की साझी संस्कृति से टकरा कर नयी मानवीय संस्कृति विकसित होती है, जो नश्वर है, पर अपनी नश्वरता में ही सर्जनात्मक बनती है और प्रेम की नयी अभूतपूर्व क्षमता को विकसित करती है। आधुनिक युग के पुनर्जागरण में यह सांस्कृतिक संघर्ष की वस्तु अर्थ के स्तर पर और संचरणशील हो जाती है; अब टकराहट भारतीय और पाश्चात्य धाराओं के बीच है। इस सारे संघर्ष में मौलिक रचना-शक्ति की जय, भारती ('तुलसीदास') और दुर्गा ('राम की शक्ति पूजा') जिसकी प्रतीक अधिष्ठात्री हैं, कवि के आत्मविश्वास का केंद्र बिंदु है।

'राम की शक्ति पूजा', 'तुलसीदास' और 'कामायनी' में ही नहीं, प्रसाद के 'आँसू' में भी, जिसे छायावादी परिदृश्य के अंतर्गत विरह-काव्य के रूप में स्वीकार किया जाता है, सामान्य द्वंद्व और संघर्ष को अतिक्रमित कर जाने की प्रक्रिया अंकित हुई है। 'कामायनी' में सुख-दुख के द्वंद्व से ऊपर उठ कर आनंद की जो स्थिति है कुछ वैसी ही स्थिति 'आँसू' में वेदना की है। इसीलिए वेदना को कवि ने कहा है 'जगद्वंद्वों के परिणय की हे सुरभिमयी जयमाला!' 'आँसू' के अंतिम अंशों में पहुँच कर कवि का विरह-भाव सार्वभौम वेदना में रूपांतरित हो जाता है। यहाँ कवि का अनुभव इतना सघन हो उठता है कि उसे प्रकृति में और मानवता में, जहाँ कहीं पीड़ा दिखती है (मानस कुमुदों का रोना, बौने जलनिधि का हाहाकार मचाना, ज्वालामुखियों का मुँह सिये ताप झेलना, मधुकर की कली से मनमानी, फिर चिर वंचित भूखों की प्रलय दशा) वह उसे अपनी वेदना का ही रूप लगती है। यह वेदना का अद्वैत है। इन सारी पीड़ाओं के तत्त्व में उसे रचना की उपलब्धि होती है—

सब का निचोड़ लेकर तुम
सुख से सूखे जीवन में
बरसो प्रभात हिमकन-सा
आँसू इस विश्व-सदन में!

'आँसू' की सघन वेदना में से निराशा का स्वर नहीं उपजता, उसमें से विराट् रचना-आस्था फूटती है। वेदना के आलोक का सर्वव्यापी प्रसार महादेवी वर्मा ने एक दूसरे स्तर पर आत्मीयता से चित्रित किया है—'सब आँखों के आँसू उजले, सब के सपनों में सत्य पला।'

छायावाद के विशिष्ट काव्यों और लंबी कविताओं के अतिरिक्त छोटे गीतों और स्फुट कविताओं में भी मूलतः पुनर्जागरण की चेतना अंतर्व्याप्त दिखाई देती है। सबसे बड़ी बात यहाँ है ऐहिक जीवन और शरीर का महत्त्व, जिसे मध्यकालीन संतों और कवियों ने पानी का बुलबुला और काग-गीध का भोजन कहा था। ऐहिकता में यह आस्था आगे मानवीय आत्मविश्वास का आधार बनती है। इस एक बिंदु पर समूची मध्यकालीन हिंदी मानसिकता का जैसे कायाकल्प हो गया हो। संन्यास, वैराग्य, तपस्या और परलोकवाद में आस्था जैसे मूल्यों के स्थान पर अब ऐहिक जीवन, इहलोक और मानव शरीर के आकर्षण का महत्त्व प्रतिपादित होता है। निष्काम कर्म की जगह प्रसाद की 'कामायनी' में कर्म और भोग के सामंजस्य का गुण-गान हुआ है। कबीर, सूर, जायसी, तुलसी भक्ति-काल के अंतर्गत संसार का निषेध करके परम तत्त्व की ओर मन को ले जाने का उपक्रम करते हैं। छायावाद के कवि इस संसार को पूरी तरह सकार के उसे परम तत्त्व से अभिन्न देखते हैं। हिंदी मानसिकता की विश्व-दृष्टि पुनर्जागरण के संक्रमण में जैसे पूरी तरह घूम गई हो। तब यह स्वाभाविक है कि भक्तिकालीन कवियों जैसा बड़ा व्यक्तित्व छायावादी कवियों का भी हो।

सुमित्रानंदन पंत अपनी 'कृतज्ञता' शीर्षक कविता में, जो छायावाद के मुख्य काल के बाद १९५६ में लिखी गई है, मानव शरीर के प्रति सबसे पहले कृतज्ञता ज्ञापन करते हैं—

मैं कृतार्थ हूँ, देह, तृणों के लघु दोने में,
तुम मेरी आत्मा का पावक करती धारण!

देह के दोने में आत्मा के पावक धारण करने का बिंब मानव शरीर की क्षमता को पूरी तरह प्रमाणित करता है। 'कामायनी' के श्रद्धा सर्ग में ऐहिक जीवन में इसी आस्था और श्रद्धा का आख्यान प्रसाद ने किया है—

काम मंगल से मंडित श्रेय सर्ग
इच्छा का है परिणाम;
तिरस्कृत कर उसको तुम भूल
बनाते हो असफल भवधाम!

हमारी संस्कृति में शरीर और संसार की महत्ता एक बार फिर से स्थापित करने में छायावाद का योगदान केन्द्रीय है, जबकि सामान्यतः उसे अतीन्द्रिय अनुभव और कल्पना-लोक से जुड़ा हुआ समझा जाता रहा है। हिंदी आलोचना की दिलचस्प गड्डलिकाओं में से एक यह है। वस्तुस्थिति है कि मध्यकालीन कवि के लिए संसार 'पचड़ा' था, आधुनिक युग का छायावादी कवि संसार में 'आनंद' की संभावना देखता है। प्रसाद के प्रबंध काव्य 'कामायनी' और पंत की संक्षिप्त कविता 'कृतज्ञता' दोनों में संसार और देह के प्रति क्रमशः चिंता और कृतज्ञता की

भावना से आरंभ करके कवि आनंद की भाव-भूमि तक पहुँचता है—

चेतनता एक विलसती आनंद अखंड घना था!

(कामायनी)

प्रिय आनंद, छंद तुम मेरे, आत्मा के स्वर!

(कृतज्ञता)

यह छायावादी काव्य की मुख्य रचना-भूमि है, और अपने ऐतिहासिक काल के बाहर भी सक्रिय होने पर छायावादी कवि यहाँ पहुँच पाता है।

छायावादी काव्य में शक्ति के आवाहन का एक और रूप इस युग के जागरण गीतों में मिलता है। पुनर्जागरण चेतना की बड़ी सूक्ष्म और प्रीतिकर अभिव्यक्ति इन गीतों में हुई है। मनुष्य की—और प्रकृति की भी—सुप्त चेतना को जगाने का उपक्रम यहाँ कवि ने सामान्यतः प्रशमित और कभी-कभी ओज की मुद्रा में किया है। छायावादी काव्य में एक बड़ी संख्या इन प्रभाती और जागरण-गीतों की है, जिनमें एक ओर शक्ति और चैतन्य का आवाहन है, और एक दूसरे तथा समकालीन संदर्भ में वे राष्ट्रीय स्वाधीनता के संघर्ष से जुड़े हैं। 'प्रथम प्रभात', 'आँखों से अलख जगाने को', 'अब जागो जीवन के प्रभात!', 'बीती विभावरी जाग री।' (प्रसाद), 'जागो फिर एक बार', 'प्रिय, मुद्रित दृग खोलो!', 'जागा दिशा ज्ञान', 'जागो, जीवन धनिके!' (निराला), 'जाग बेसुध जाग', 'जाग तुझको दूर जाना!' (महादेवी), 'प्रथम रश्मि' 'ज्योति भारत' (सुमित्रानंदन पंत) जैसी अनेक जागरण की कविताएँ स्मरण हो आती हैं। इनमें से कुछ गीतों में व्यक्तिगत प्रणय और राष्ट्र-जागरण के भाव एक-दूसरे में घुल-मिल गए हैं। मानवीय प्रणय और देश-प्रेम का संश्लिष्ट रूप वस्तुतः छायावादी काव्य से पहले ही श्रीधर पाठक, रामनरेश त्रिपाठी आदि स्वच्छंदतावादी कवियों की रचनाओं में मिलने लगता है; त्रिपाठी के खंड-काव्य 'पथिक' और 'स्वप्न' का विधान मुख्यतः इसी वस्तु पर विकसित हुआ है। मुख्य बात यह है कि छायावादी काव्य के इस बहुत बड़े अंश में पुनर्जागरण की चेतना सीधे लहराती है। गीतों के अतिरिक्त लंबी कविताओं के खंडों में जागरण का यह स्वर गूँजता है। 'आँसू' के बाद के हिस्से में एक पूरे-का-पूरा खंड प्रातःकालीन बिंबों के बीच जागरण-बेला का चित्रण करता है—

वह मेरे प्रेम विहँसते
जागो, मेरे मधुवन में,
फिर मधुर भावनाओं का
कलरव हो इस जीवन में!
मेरी आहों में जागो
सुस्मित में सोने वाले।

× × ×

हे जन्म-जन्म के जीवन
साथी संसृति के दुख में;
पावन प्रभात हो जावे
जागो आलस के सुख में!

इसी प्रकार का जागरण-स्वर 'तुलसीदास' के समापन-अंश में उभरता है—

जागो, जागो, आया प्रभात,
बीती वह, बीती अंधरात,
झरता भर ज्योतिर्मय प्रपात पूर्वाचल;
बाँधो, बाँधो किरणें चेतन,
तेजस्वी, हे तमजिज्जीवन;
आती भारत की ज्योतिर्धन महिमाबल।

जागरण गीतों के साथ-साथ छायावाद के सांध्य-गीतों को भी हमें ध्यान में रखना होगा। कवि के रचनात्मक एकांत को निपट सन्नाटे में खोलनेवाले इन गीतों की अपनी विशिष्ट स्थिति है। संध्या का एकांत और अवसाद रचनाकारों के लिए यों भी बराबर आकर्षक रहा है। छायावाद के संध्या-गीतों में सहज स्मरणीय हैं—'विषाद' (प्रसाद), 'संध्या सुन्दरी' (निराला), 'एक तारा' (सुमित्रानंदन पंत), 'प्रिय! सांध्य गगन, मेरा जीवन' (महादेवी); महादेवी ने तो अपने एक संकलन का नाम ही रक्खा है 'सांध्य गीत'। जागरणगान और सांध्य-गीतों के इस अंतर्विरोध में छायावाद का मूल स्वभाव अच्छी तरह समझ में आता है। छायावाद के रोमांटिक स्वरूप में एक ओर उसका विद्रोह-भाव उभरता है तो दूसरी ओर उसका अंतर्विरोधी चरित्र। अंतर्विरोध रोमांटिक मिज़ाज की एक खास पहिचान कही जा सकती है, अँग्रेजी कवियों में शेले का नाम जिस प्रसंग में प्रायः लिया जाता है। हिंदी में छायावादी काव्य में ही नहीं उस काल की नाट्य कृतियों में भी अंतर्विरोध का यह रूप दिखाई देता है। प्रसाद के प्रसिद्ध चरित्र चाणक्य ('चंद्रगुप्त मौर्य') को उदाहरण स्वरूप लिया जा सकता है। संस्कृत नाटकों में चाणक्य का इकहरा और नीरन्ध्र चरित्र है कुरूप, कठोर, अविश्वासी, दुरभिसंधियों में लीन। प्रसाद के चाणक्य में भी ये सब तत्त्व हैं पर यह उसके चरित्र का सार्वजनिक पक्ष है। उसके चरित्र का एक वैयक्तिक पक्ष भी है, जहाँ उसके मन में बाल सहचरी सुवासिनी के प्रति गहरा प्रणय-भाव है। यह जरूर है कि सार्वजनिक पक्ष के हित में वह अंततः व्यक्तिगत आवेगों का शमन कर लेता है। स्कंदगुप्त ('स्कंदगुप्त') तथा चंद्रगुप्त ('ध्रुवस्वामिनी') ऐसे ही अंतर्विरोध की भाव-भूमि में वीर परंतु अनुत्साही नायक हैं, जबकि सामान्यतः रस-सिद्धांत की मान्यताओं के अनुसार वीर रस का स्थायी भाव उत्साह है। छायावाद की बनावट में बहुत कुछ इसी तरह प्रातःकालीन जागरण और सांध्यकालीन अवसाद का अंतर्विरोध द्रष्टव्य है, जहाँ अंततः विजय शक्ति और जागरण की होती है। कुल मिला कर वहाँ लंबी और छोटी कविताओं और गीतों की बंदिश में, विरह और प्रेम और आनंद की विविध भाव-भूमियों में सर्वत्र एक ज्योति और जागरण की चेतना स्पंदित है। इस तरह अपने व्यक्तिगत प्रणय और व्यापक राष्ट्र-प्रेम की अनुभूति में, और उनके संश्लेष में छायावाद मूलतः शक्ति-काव्य है।

यहाँ शक्ति-काव्य का सामान्य-साधारण अर्थ 'राष्ट्रीय काव्य' नहीं लगाना है, जिस राष्ट्रीय काव्य-धारा का विवेचन पहले मैथिलीशरण गुप्त के संदर्भ से किया जा चुका है; यह उसका अधिक सूक्ष्म तथा गहरा प्रवाह है। इस टिप्पणी का उद्देश्य राष्ट्रीय काव्य के महत्त्व को कम करना नहीं, पर यह ध्यान दिलाना है कि छायावादी काव्य में राष्ट्र जागरण से अधिक समग्र चेतना का जागरण और आवाहन है, उसमें अंतर्निहित शक्ति के विकास का रचनात्मक उपक्रम है। यहाँ राष्ट्रीय से अधिक संपूर्ण सांस्कृतिक जागरण प्रधान है, राष्ट्रीय जागरण वस्तुतः सांस्कृतिक जागरण के अंग रूप में आता है, जो पुनर्जागरण की मूल प्रक्रिया के अनुरूप है। यों

कह सकते हैं कि छायावाद की राष्ट्रीयता में आधार राजनीति की अपेक्षा संस्कृति है। राजा राममोहन राय से लेकर महात्मा गांधी तक पुनर्जागरण का स्वरूप मूलतः संश्लिष्ट है, वह समग्र मानवीय और भारतीय व्यक्तित्व के विकास के लिए प्रयत्नशील है, और अपने देश में पुनर्जागरण अवरुद्ध वहीं हुआ है, जहाँ राजनीति को गलत अनुपात में महत्त्व मिल गया।

छायावादी कवि पर जहाँ अतिभावुकता, सूक्ष्मता और वायवीयता के आरोप लगाए गए हैं वहीं उसमें पलायनवाद को भी ढूँढ़ निकाला गया है। समीक्षा ग्रंथों में विविध 'वादों' के अंतर्गत जहाँ रहस्यवाद, छायावाद, प्रगतिवाद आदि की चर्चा होती है वहाँ पलायनवाद का भी उल्लेख किया जाता है, और अनिवार्यतः प्रसाद की एक पंक्ति बार-बार उदाहरण रूप में प्रस्तुत होती है—'ले चल वहाँ भुलावा देकर, मेरे नाविक! धीरे-धीरे!' बिना इस पूरी कविता को समझे यह आरोप संपूर्ण छायावादी काव्य पर लगा दिया जाता है कि उसमें जीवन के संघर्ष से पलायन करने की वृत्ति है। हिंदी आलोचना में छायावाद को लेकर जिस गड्डलिका का उल्लेख किया गया उसी का एक अंश यह है। इस कविता में विश्राम की मुद्रा का चित्रण है या पलायन की आकांक्षा है, यह समझने का यत्न नहीं किया गया। विश्राम तो श्रम का पूरक है और पलायन कर्म, श्रम, संघर्ष से भागना है। 'कर्म का भोग, भोग का कर्म' के माध्यम से कर्म और भोग की संश्लिष्ट तथा आधुनिक संदर्भ में नयी दृष्टि प्रस्तुत करनेवाले कवि के लिए इससे बड़ी विडंबना की बात और क्या हो सकती है कि उसे पलायनवादी करार दिया जाए। गीता को केंद्र में रख कर गतिशील हुए पुनर्जागरण आंदोलन में निष्काम कर्म के स्थान पर कर्म-भोग के संश्लेष को प्रस्तावित कर सकना प्रसाद जैसे समर्थ रचनाकार के लिए ही संभव था। गीता की मूल दृष्टि को प्रशस्त कर पाना वस्तुतः किसी भी भारतीय लेखक और विचारक के लिए स्पृहणीय है।

इस संदर्भ में यह सोच कर अटपटा लगता है कि बहुत से हिंदी आलोचकों ने भारतीय पुनर्जागरण में से विकसित और उसे समृद्ध भी करनेवाले छायावाद को अँग्रेजी प्रभाव के रूप में व्याख्यायित करना चाहा है। छायावादी कवियों के अँग्रेजी ज्ञानमात्र को यदि यहाँ ध्यान में रक्खा जाए तो कुछ रोचक तथ्य सामने आते हैं। छायावादी कहे जाने वाले कवियों में ६वीं और ८वीं कक्षा तक पढ़े कवि थे, इंटरमीडिएट तक गए, ऐसे भी हैं, एम० ए० तथा डॉक्टरेट की उपाधि प्राप्त करने वाले भी हैं। यदि आधुनिक मूल्यांकन को ध्यान में रक्खा जाए तो जान पड़ेगा कि छायावादी कवि की अँग्रेजी ढंग की शिक्षा की उच्चता और उसके द्वारा रचित काव्य की उत्कृष्टता में उलटा अनुपात है। ६वीं जमात तक पढ़ा शायद सूची में ऊपर होगा और डॉक्टर कवि सबसे नीचे। यों, इससे कोई सामान्य निष्कर्ष किसी भी दिशा में निकालना उचित नहीं, हो सकता है कि यह सिर्फ एक संयोग भर हो, फिर भी अपने में दिलचस्प है, खास तौर से छायावाद के उदय में विदेशी प्रभाव की चर्चा के संदर्भ में।

■

२

प्रसाद : समरसता और संगीत

जयशंकर प्रसाद शब्द की सभी छायाओं में छायावाद के वरिष्ठ कवि हैं, और जैसा पहले दिखाया जा चुका है, वे छायावाद के सबसे खाँटी रचनाकार हैं। स्वदेशी भाषा बँगला और विदेशी अँग्रेजी के प्रति उनकी उन्मुखता प्राय: नहीं के बराबर है जो उनके युग में आधुनिक भाव-बोध की स्वीकृत अग्रणी भाषाएँ थीं। वहाँ से उन्होंने कोई अनुवाद नहीं किए—अनुवाद यों उन्होंने कहीं से भी नहीं किए—और न उन्होंने उन साहित्यों को कहीं विशेष चर्चा का विषय बनाया। उनकी रचनाओं में ब्रज और खड़ी बोली से अलग यदि कोई संस्कार हैं तो संस्कृत के, और किसी सीमा तक उर्दू के। निराला अपने एक पत्र में कुछ व्यंग की मुद्रा में प्रसाद को लिखते हैं, ''पर मैंने सुना है, आप उपनिषदों से नीचे उतरना पसंद नहीं करते। फिर भी मैं प्रयत्न करूँगा, यदि आपको नीचे उतार सकूँ।'' (१८-४-३६ का पत्र) निराला का व्यंग यहाँ प्रसाद की पाठ्य सामग्री को लेकर है, पर अपने रचना-क्रम में प्रसाद उपनिषदों से उतरे थे, बिना किसी सहायता के, छायावाद की भाव-भूमि पर। संस्कृत की प्रेरक शक्ति का उन्होंने बराबर उपयोग किया है अपने ढंग से। यह आकस्मिक नहीं कि 'छायावाद' पद में 'छाया' की व्याख्या के लिए वे ठेठ संस्कृत स्रोतों से व्युत्पत्ति प्रस्तावित करते हैं—

मुक्ताफलेषु छायायास्तरलत्वामिवान्तरा
प्रतिभाति यदंगेषु तल्लावण्यमिहोच्यते।

(यथार्थवाद और छायावाद)

और रामचंद्र शुक्ल के विरोध में रहस्यवाद के विकास को पूरी तरह भारतीय परंपरा के अंतर्गत सिद्ध करते हैं—''वर्तमान रहस्यवाद की धारा भारत की निजी संपत्ति है, इसमें संदेह नहीं'' (रहस्यवाद)। संस्कृत के तत्त्वों पर पोषित, उर्दू परंपरा से परिचित, और बँगला तथा अँग्रेजी से अपरिचित—ऐसी कुछ बनावट लगती है प्रसाद की मानसिकता की। इस तैयारी के साथ वह काव्यधारा प्रवर्त्तित हुई, जिसे आगे चलकर छायावाद का नाम मिला। 'झरना' के तृतीय संस्करण (१९३४) के प्रकाशकीय निवेदन में इस बात को आग्रहपूर्वक कहा गया है, ''जिस शैली की कविता को हिंदी साहित्य में आज दिन 'छायावाद' का नाम मिल रहा है, उसका प्रारंभ प्रस्तुत संग्रह द्वारा ही हुआ था।'' प्रसाद की ऐसी तैयारी रवीन्द्रनाथ से काफी कुछ भिन्न है जहाँ संस्कृत का संस्कार पूरा है, पर अँग्रेजी की मिलावट कम नहीं। यहाँ यह तथ्य भी ध्यान रखने योग्य है कि 'गीतांजलि' (१९१२) तथा 'झरना' के प्रथम संस्करण (१९१८) के प्रकाशन के बीच समय का बहुत अंतर नहीं है। यह ठीक है कि 'झरना' की अधिकतर उत्कृष्ट रचनाएँ दूसरे संस्करण (१९२७) में आईं जिस ओर अपनी सावधान शैली में रामचंद्र शुक्ल ने 'हिंदी साहित्य का इतिहास' में छायावाद के उदय पर विचार करते हुए ध्यान दिलाया था, ''झरना' की उन २४ कविताओं में उस समय नूतन पद्धति पर निकलती हुई

कविताओं से कोई ऐसी विशिष्टता नहीं थी जिस पर ध्यान जाता...इस द्वितीय संस्करण में ही छायावाद कही जानेवाली विशेषताएँ स्फुट रूप में दिखाई पड़ीं।'' फिर भी प्रथम संस्करण में 'समर्पण', 'परिचय' तथा शीर्ष कविता 'झरना' छायावाद के आरंभिक रूप की परिचायक हैं। आचार्य शुक्ल वस्तुतः यह श्रेय सुमित्रानंदन पंत के 'पल्लव' को देना चाहते हैं जिसका प्रकाशन 'झरना' के प्रथम संस्करण के बाद और दूसरे संस्करण के पहले हुआ। यहाँ प्रसाद की रचनात्मक तैयारी और उनकी अग्रणी वृत्ति के संबंध में यह समझा जा सकता है कि छायावाद के विकास में बँगला और अँग्रेजी की भूमिका प्रासंगिक ही है, आधिकारिक नहीं।

मनुष्य की अवधारणा के रूप हिंदी साहित्य के इतिहास में कई बार बदले हैं, और इसी के साथ परम तत्त्व को लेकर उसके रिश्ते भी। आदि काल में मनुष्य का ईश्वर की महिमा से युक्त रूप में वर्णन हुआ है, जबकि भक्तिकाल में यह चित्रण ईश्वर का मनुष्य के रूप में हुआ है। आगे फिर रीतिकाल में ईश्वर और मनुष्य दोनों का मनुष्य-रूप में चित्रण होता है। आधुनिक काल में आकर मनुष्य सारे चिंतन का केंद्र बनता है, और ईश्वर की धारणा व्यक्तिगत आस्था के रूप में स्वीकृत होती है, साहित्य या कि कलाओं में उसका चित्रण प्रासंगिक नहीं रह जाता। इस दृष्टिकोण के अनुसार मनुष्य ईश्वर का सबसे बड़ा आविष्कार है तो ईश्वर मनुष्य का।

इसी का परिणाम यह देखा जा सकता है कि प्रेम और भक्ति, लौकिक और अलौकिक संबंध, जो अभी तक या तो अलग-अलग अनुभव थे या कभी-कभी एक दूसरे का संस्पर्श करते थे, अब उनका अंतर आधुनिक काल में आकर विलीन हो गया है। रवीन्द्रनाथ ठाकुर की 'गीतांजलि' में जब उसके नीरव 'पद चाप' का उल्लेख होता है 'जो आता है, आता है, बराबर आता है' तो वह पद-चाप प्रेमी और परम तत्त्व दोनों की है।

प्रसाद कवि-जीवन आरंभ करते हैं भारतेंदु की तरह ब्रजभाषा से। इस समय उनके यहाँ भक्ति और रीतिकालीन संस्कारों के अवशेष हैं—यद्यपि बीच-बीच में कुछ नये विषय झाँकते दिख जाते हैं—कवित्त, सवैया और पदों का व्यवहार चल रहा है। ब्रजभाषा-प्रयोग के दो स्तर हैं, जिस पर आगे चर्चा होगी। पर भारतेंदु कुछेक उत्तरकालीन अपवादों को छोड़ कर अपने समूचे कवि जीवन में ब्रजभाषा में कविता लिखते हैं, गद्य के लिए खड़ी बोली का प्रयोग करते हैं। प्रसाद का रूपांतरण रचना-कर्म की दृष्टि से अधिक कठिन है। वे कुछ ही समय बाद ब्रजभाषा को छोड़ कर कविता के लिए खड़ी बोली का वरण करते हैं। अपनी लंबी कविता 'प्रेमपथिक' (१९०९) उन्होंने ब्रजभाषा में लिखी, फिर बाद में उसका संशोधित-परिवर्द्धित रूप प्रायः आठ वर्ष बाद खड़ी बोली में लिखा। 'प्रेमपथिक' का यह रूपांतरण समूची आधुनिक हिंदी कविता के काव्यभाषिक रूपांतरण का प्रतीक-बिंदु है। और इस रूपांतरण के समानांतर ही कवि की संवेदना में महत्त्वपूर्ण बदलाव आता है। इस बिंदु पर प्रेम के लौकिक-अलौकिक रूप-प्रेम और भक्ति—के बीच अंतर लुप्त हो जाता है। भारतेंदु ने अपनी नाटिका 'श्री चंद्रावली' के समर्पण में प्रेम के इन दोनों रूपों का उल्लेख इस तरह से किया था, ''इसमें तुम्हारे उस प्रेम का वर्णन है, इस प्रेम का नहीं जो संसार में प्रचलित है।'' यह समर्पण सीधे प्यारे कृष्ण के लिए है इन शब्दों में, ''लो, तुम्हारी चंद्रावली तुम्हें समर्पित है।'' प्रसाद के 'झरना' का समर्पण इस प्रकार है—

हृदय ही तुम्हें दान कर दिया।
क्षुद्र था, उसने गर्व किया॥

तुम्हें पाया अगाध गंभीर।
कहाँ जल बिंदु, कहाँ निधि क्षीर॥
हमारा कहो न अब क्या रहा?
तुम्हारा सब कब का हो रहा॥
तुम्हें अर्पण; और वस्तु त्वदीय?
छीन लो छीन ममत्त्व मदीय॥

यहाँ भक्ति का द्वैत क्रमश: प्रेम के अद्वैत में बदल रहा है। भारतेंदु 'तुम्हारी चंद्रावली तुम्हें समर्पित' करते हैं सहज भाव से, प्रसाद को यह समर्पण समझ में नहीं आता "तुम्हें अर्पण, और वस्तु त्वदीय?" उनके लिए तब समर्पण का पात्र प्रेमास्पद और परम तत्त्व दोनों है। काव्य के स्तर पर यह समझा सकना आसान है कि प्रेम और भक्ति दोनों का उद्देश्य एक है—अहं का बलिदान, यद्यपि दोनों के माध्यम में अंतर है। एक जगह वह अहं को मिटाना है दूसरी जगह अहं को वृहत्तर सत्ता में विलीन कर देना है। यहाँ प्रसिद्ध कवि तथा समीक्षक एलियट के साक्ष्य पर कहा जा सकता है कि इस क्रम में कविता भी अपने में अहं भाव से निष्कृति है। यों भक्ति और प्रेम की समानांतर प्रक्रिया कविता या कला-रचना में द्रष्टव्य है, जो उत्तरोत्तर ऐहिक होती गई है। इस संदर्भ में प्रसाद भारतेंदु के बजाय रवीन्द्रनाथ के निकट पहुँच रहे हैं, प्रभाव की दृष्टि से नहीं, तुलना की दृष्टि से। रहस्यवाद की परंपरा कैसे ठेठ भारतीय संदर्भों और हिंदी साहित्य में अपने ढंग से चलती आई है इसका विस्तृत सोदाहरण विवेचन उन्होंने 'रहस्यवाद' शीर्षक अपने लंबे निबंध में किया है। आधुनिक युग में खड़ी बोली के प्रवर्त्तन प्रसंग में प्राय: तर्क दिया जाता है कि नये युग में जो राजनैतिक-सामाजिक-आर्थिक जागरूकता विकसित हो रही थी उसकी अभिव्यक्ति परंपरागत ब्रजभाषा माध्यम में संभव न थी, इसीलिए लेखकों और कवियों ने क्रमश: ब्रजभाषा का परित्याग करके खड़ी बोली को चुना। यह बात अपनी जगह पर सही है। पर यहाँ जोड़ना होगा कि समाज और राजनीति के क्षेत्र में ही नहीं, दार्शनिक मान्यताओं के क्षेत्र में भी बदलाव आ रहा था। ब्रजभाषा परंपरा से भक्ति की भाषा थी, नये ढंग की अद्वैत अनुभूति वहाँ निखर नहीं सकती थी। भारतेंदु और प्रसाद के बीच के इस अंतर को अनदेखा नहीं किया जाना चाहिए। अपने समय के लावनीबाज़ों के बीच प्रचलित खड़ी बोली को अपना कर ही प्रसाद 'झरना' का समर्पण लिख सकते थे, जहाँ उनकी मुद्रा बन सके कि वे भारतेंदु की तरह 'गुलाम राधा रानी के' और 'सखा प्यारे कृष्ण के' भर नहीं हैं, और देव की तरह महज़ वृंदावन तो और भी नहीं (हौं ही ब्रज वृंदावन...) वरन् वे स्वयं श्याम हैं, जैसी कि व्यंजना उन्होंने 'रहस्यवाद' शीर्षक अपने निबंध के अंतिम अंश में दी है।

प्रसाद का काव्य-विकास एक प्रकार से समूचे आधुनिक हिंदी काव्य की विकास-यात्रा का एक संक्षिप्त चित्र प्रस्तुत कर देता है। जब उन्होंने लिखना आरंभ किया उस समय ब्रजभाषा बनाम खड़ी बोली का द्वंद्व निपटा नहीं था। काव्य-रचना में खड़ी बोली के समर्थक श्रीधर पाठक अथवा मैथिलीशरण गुप्त ने स्वयं अपनी कविता में ब्रजभाषा का सहारा नहीं छोड़ा था। प्रसाद ने भी यही दृष्टिकोण अपनाया। उनका आरंभिक काव्य एकांत रूप में ब्रजभाषा में है। इस ब्रजभाषा-प्रयोग के दो बहुत स्पष्ट स्तर लक्षित किए जा सकते हैं। 'चित्राधार' संकलन के वर्तमान रूप में उनका केवल ब्रजभाषा-काव्य संकलित हुआ है। अंत में स्फुट कविताओं के दो खंड हैं 'पराग' तथा 'मकरंद-बिंदु'। दोनों अंश ब्रजभाषा में होने पर भी उनकी प्रकृति में गुणात्मक अंतर है। 'पराग' खंड की सभी कविताओं के शीर्षक दिए गए हैं, उनकी अलग-

अलग पहिचान है। 'मकरंद-बिंदु' कवित्त, सवैया और पदों का समुच्चय है, जहाँ एक पहले से चली आती भाव धारा का प्रवाह है, रचनाओं का अपना विशिष्ट नाम-रूप नहीं। आधुनिक भाव-बोध में जातीय चरित्र से कहीं अधिक व्यक्तिगत विशिष्टता पर बल है।

इसी संकलन के नाटकों और चंपू में जो काव्य के अंश हैं वहाँ ब्रजभाषा का प्रयोग कुछ और तरह का है। इसे खड़ी बोली का ब्रजभाषाकरण कहा जा सकता है। यहाँ सामान्यत: तत्समाग्रही खड़ी बोली पर ब्रजभाषा का एक झीना आवरण चढ़ाया गया है, मुख्य गद्य भाग तो खड़ी बोली में है ही। एक-दो उदाहरणों से इस रोचक भाषिक मिलावट का रूप समझा जा सकता है। 'बभ्रुवाहन' चंपू का आरंभिक अंश इस प्रकार है—

धवल मनोहर दृष्टि सुख दायक हिय अनुराग;
मनहुँ सुधा के बिंब में लपट्यो नलिन-पराग।
नव घन, सुंदर श्याम उर, मनहुँ हीरकाभास;
कालिंदी जल नील में कै अरविंद विकास।

यहाँ चार पंक्तियों में कुल पाँच ब्रजभाषा प्रयोग हैं, जिनसे इस समूचे प्रसंग को ब्रजभाषा में ढाला गया है। यह एक प्रकार से आधुनिक काल के आरंभ में हिंदी काव्यभाषा के दोनों आधारों की सापेक्ष स्थिति का उदाहरण है। प्रसाद कैसे क्रमश: ब्रजभाषा से खड़ी बोली की ओर उन्मुख होते जाते हैं इसका रोचक साक्ष्य उनकी आरंभिक वर्णनात्मक कविता 'प्रेमपथिक' प्रस्तुत करती है। 'प्रेमपथिक' को प्रसाद पहले ब्रजभाषा में लिखते हैं दोहा और बरवै जैसे छंदों में। फिर प्राय: आठ वर्ष बाद इस काव्य को वे खड़ी बोली में रूपांतरित करते हैं, अब छंद अतुकांत होता है। ब्रजभाषा में कुल पंक्तियाँ १३४ थीं, अब २७० हो जाती हैं, एकदम दूनी। किसी रचना का यों ब्रजभाषा से खड़ी बोली में रूपांतरित किया जाना, स्वयं रचनाकार द्वारा, अपने आप में अनूठा है, और रचनाकार की भाषा-निष्ठा में परिवर्तन का रचनात्मक साक्ष्य प्रस्तुत करता है। 'प्रेमपथिक' के दोनों रूपों से, तुलना के लिए, कुछ पंक्तियाँ प्रस्तुत की जा रही हैं—

प्रेम? सिंधु अथाह, थाह लहै न कोऊ वीर।
हा! मनोरथ तरल तुंग तरंग उठत गँभीर।

('प्रेमपथिक'— ब्रजभाषा रूप)

इस पथ का उद्देश्य नहीं है श्रांत भवन में टिक रहना
किंतु पहुँचना उस सीमा पर जिसके आगे राह नहीं

('प्रेमपथिक'— वर्तमान खड़ी बोली रूप)

स्पष्ट ही भाषिक परिवर्तन ने यहाँ संवेदना की बनावट को बदल दिया है। ब्रजभाषा में केवल प्रेम का वर्णन है, खड़ी बोली के इस आरंभिक रूप में प्रेम और अध्यात्म एकाकार हो रहे हैं।

खड़ी बोली के ब्रजभाषाकरण का एक और उदाहरण द्रष्टव्य है ''बभ्रुवाहन' से—

यौवन ऊषा प्रथम प्रकट जब हिये भई है।
शैशव तारानिकर मलिनता धाय लई है।

× × ×

हायप्रणय-स्मृति-सूर्य उदय नितहिय-नभ होवै।
पूर्व राग बिस्तारि अलौकिक रंग सँजोवै॥

यहाँ एक ओर परंपरित शब्दावली तथा अप्रस्तुत विधान है, और बीच-बीच से कुछ नये प्रयोग तथा बिंब झाँक रहे हैं। नायिका की वयस्संधि की विस्तृत चर्चा रीतिकालीन काव्य में हुई है, यहाँ भाषा की वयस्संधि का वैसा नाजुक रूप देखा जा सकता है।

'चित्राधार' के अंतिम दो खंडों 'पराग' तथा 'मकरंद विंदु' की तुलना में कवि के संवेदनात्मक विकास को और अच्छी तरह समझा जा सकता है। 'पराग' में एक ओर परंपरित ब्रजभाषा का प्रयोग है, दूसरी ओर द्विवेदी युग की इतिवृत्तात्मक वर्णन शैली है, और तीसरी ओर कविताओं को नये ढंग के शीर्षक दिए गए हैं तथा कुछ नये प्रयोग वहाँ झलक मारते दिखाई देते हैं। एक कविता का शीर्षक है 'संध्या तारा', जो एक प्रकार से छायावाद की सांध्य कविताओं को पूर्वाशित करता है, वर्णन शैली द्विवेदी युगीन, काव्यभाषा ब्रजभाषा। आरंभ की पंक्तियाँ इस प्रकार हैं—

संध्या के गगन महँ सुंदर वरन।
को हौ झलकत तुम अमल रतन॥

प्रसाद का यह आरंभिक काव्य संवेदनात्मक त्रिवेणी का यों अद्‌भुत साक्ष्य प्रस्तुत करता है। कुछ अन्य नये ढंग के शीर्षक हैं—'नीरव प्रेम', 'विस्मृत प्रेम', 'कल्पना-सुख'। ब्रजभाषा की ज़मीन पर द्विवेदी युगीन इतिवृत्तात्मकता के सहारे, नये छायावादी विषयों की कलम लगाई गई है। इस तुलना में अंतिम खंड 'मकरंद बिंदु' का विधान बिलकुल फरक दिखाई देगा। यहाँ परंपरित शैली में बिना शीर्षक दिए हुए कवित्त-सवैये और पद संकलित हैं जहाँ भक्ति और रीति-परंपरा के अवशेषमात्र नजर आएँगे। 'मकरंद बिंदु' की भाव-भूमि में प्रसाद अपने पूर्ववर्ती कवि भारतेंदु के नजदीक हैं, किंतु 'पराग' खंड के ब्रजभाषा काव्य में छायावाद का पूर्व रूप उभरता दिखता है। परंपरा और प्रयोग के रिश्ते को इससे अधिक व्यावहारिक स्तर पर नहीं समझा जा सकता।

अपने रचना-काल के आरंभ से ही प्रसाद हिंदू देव-माला के तीन चरित्रों की ओर विशेष रूप से आकृष्ट रहे हैं। वे हैं इंद्र, शिव और कृष्ण। इन तीनों चरित्रों की एक साझी विशेषता यह है कि वे जीवन के विविध विरोधी पक्षों को एक साथ समोते हैं। इंद्र में योद्धा और संगीत-प्रेमी, शिव में सबसे बड़े योगी और वैसे ही भोगी, ज्ञानी और भोलानाथ, क्रोधी और आशुतोष, कृष्ण में प्रेमी, कूटनीतिज्ञ और दार्शनिक के परस्पर-विरोधी पक्ष ऐसे घुल-मिल गए हैं कि सहसा उनके विरोधत्व का आभास ही नहीं होता। इंद्र के संबंध में मौलिक रूप से चिंतन करके प्रसाद ने अपना निबंध लिखा 'प्राचीन आर्यावर्त्त और उसका प्रथम सम्राट इंद्र'। 'रहस्यवाद' शीर्षक निबंध में भी वरुण और इंद्र की तुलना इंद्र के पक्ष में की है। शिव और कृष्ण के प्रति उनका आकर्षण जगह जगह व्यक्त होता है। रहस्यवाद के प्रसंग में भारतीय चिंतनधारा का विकास-क्रम दिखाते हुए वे इन चरित्रों पर टिप्पणी करते चलते हैं। "वैदिक साहित्य में आत्मवाद के प्रचारक इंद्र की जैसी चर्चा है, उर्वशी आदि अप्सराओं का जो प्रसंग है, वह उनके आनंद के अनुकूल ही है" ('रहस्यवाद')। पौराणिक युग में राम और कृष्ण की अवतार-परिकल्पना में कवि का स्पष्ट रुझान कृष्ण के लिए है, राम की तितिक्षा के लिए उसके पास कुछ खीज और व्यंग ही है, "इस पौराणिक धर्म के युग में विवेकवाद का सबसे बड़ा प्रतीक रामचंद्र के रूप में अवतरित हुआ, जो केवल अपनी मर्यादा में और दुःख-

सहिष्णुता में महान् रहे। किंतु पौराणिक युग का सबसे बड़ा प्रयत्न श्रीकृष्ण के पूर्णावतार का निरूपण था। इनमें गीता का पक्ष जैसा बुद्धिवादी था वैसा ही ब्रजलीला और द्वारका का ऐश्वर्य भोग आनंद से संबद्ध था'' ('रहस्यवाद')। यों विवेक के प्रतीक वैदिक काल में वरुण थे, पौराणिक काल में राम; आनंद के प्रतीक क्रमशः इंद्र और कृष्ण रहे। हिंदू देवमाला में रुद्र-शिव की परिकल्पना प्रसाद के अनुसार भारतीय सांस्कृतिक विचारधारा की सबसे उपयुक्त परिकल्पना कही जा सकती है, जहाँ आर्य-अनार्य, उत्तर-दक्षिण, वैदिक-पौराणिक सभी प्रकार के द्वैतों का परिशमन होता है। प्रसाद 'रहस्यवाद' शीर्षक निबंध में भारतीय मानस के विविधपक्षीय विकास का क्रम स्पष्ट करते हुए लिखते हैं, ''इन छांदोग्य आदि श्रुतियों के प्रकाश में यह रति-प्रीति—अद्वैतमूला भक्ति रहस्यवादियों में निरंतर प्रांजल होती गई। इस दार्शनिक सत्य को व्यावहारिक रूप देने में किसी विशेष अनाचार की आवश्यकता न थी। संसार को मिथ्या मान कर असंभव कल्पना के पीछे भटकना नहीं पड़ता था। दुःखवाद से उत्पन्न संन्यास और संसार से विराग की आवश्यकता न थी। अद्वैतमूलक रहस्यवाद के व्यावहारिक रूप में विश्व को आत्मा का अभिन्न अंग शैवागमों में मान लिया गया था...मन चल कर जायगा कहाँ? बाहर-भीतर आनंदघन शिव के अतिरिक्त दूसरा स्थान कौन है?'' भारतीय मानस में गहरे अंतर्व्याप्त विरुद्धों के सामंजस्य की यह विराट् परिणति है। प्रसाद का मानना है कि भारतीय संस्कृति की मूल विचारधारा आनंद की है, उसमें जब-जब विवेक पर बल दिया गया तब-तब दुःख का दर्शन बढ़ा है, जिसके प्रतीक हैं अपने-अपने ढंग से वरुण, राम और बुद्ध। आनंद को रूपायित करनेवाले चरित्र हैं—इंद्र, शिव और कृष्ण।

शिव की उपस्थिति प्रसाद साहित्य में कई स्तरों पर और कई रूपों में है। वे आराध्य देव हैं, प्रतीक-चरित्र हैं, और जीवन का एक संपूर्ण दृष्टिकोण हैं। क्रमशः उनका देवत्व, प्रतीकत्व हल्का पड़ता गया और आंतरिक उपस्थिति गहरी होती गई। लेखक के समग्र साहित्यिक क्रम-विकास के संदर्भ में भी और उसकी शीर्ष रचना 'कामायनी' के आंतरिक विधान-क्रम में भी, जहाँ पहुँच कर समझा जा सकता है कि भारतीय परंपरा में समस्त कलाओं और साहित्य के अधिष्ठाता शिव कैसे हैं! 'चित्राधार' के आरंभिक ब्रजभाषा काव्य का वर्णन इस प्रकार है—

गरल कंठ सब जन को दोष रहत धारे ही।
अग्नि नयन तीसरो, रहत पलकन आड़े ही॥
पराशक्ति वह प्रकृति, अंक महँ अति छवि छावत।
धर्म वृषभ की असवारी, मन महँ शुचिभावत॥

'कामायनी' के दर्शन सर्ग में नटराज और उनके लोक का अंकन यों है—

बन गया तमस था अलक-जाल,
सर्वांग ज्योतिमय था विशाल;
अंतर्निनाद ध्वनि से पूरित
थी शून्य-भेदिनी सत्ता चित्
नटराज स्वयं थे नृत्य निरत
था अंतरिक्ष प्रहसित मुखरित;
सुर लय होकर दे रहे ताल
थे लुप्त हो रहे दिशाकाल।

अभी तक मनु को जो अंधकार दिखाई दे रहा था वही धीरे-धीरे नटराज शिव का अलक जाल बन जाता है। शिव के अतिरिक्त और सत्ता क्या है? 'कामायनी' की विराट् परिकल्पना का समापन और संभव भी कैसे था?

अपने चिंतन-क्रम में प्रसाद ने शैवागम और प्रत्यभिज्ञा दर्शन से विशेष प्रेरणा ली; समरसता और आनंद की उनकी परिकल्पना का स्रोत यहाँ देखा जा सकता है। प्रसाद ने अपने काव्य में शैवागम की व्याख्या नहीं की, जैसा कई आलोचक सुविधा के लिए मान लेते हैं। उनके यहाँ समरसता की प्रक्रिया द्वंद्व-सिद्धांत से जुड़ी हुई है, और आनंद की भाव-भूमि तक पहुँचने के लिए इन दोनों क्षेत्रों से होकर गुजरना पड़ता है। शिव के स्वरूप में उन्होंने जीवन की उस विराटता को पहिचाना है जो विरुद्धों के सामंजस्य में से उपजती है। इस माने में शिव भारतीय मानस के सर्वप्रिय देवता हैं, जिनका मंदिर बीहड़ और ध्वंसों के बीच भी सदैव जाग्रत है, जिसके दरवाजे कभी बंद नहीं होते, बहुत बार जहाँ दरवाजे होते ही नहीं। यह अकारण नहीं कि पुराने नगरों के चौक में नागरिक सक्रियता का केंद्र शिव का कोई मंदिर रहा है—वह चाहे विश्वनाथ के नाम से हो, चाहे लोकनाथ के नाम से या फिर मनकामेश्वर की संज्ञा से विभूषित हो। वहीं मंदिर के आसपास गलियों में फूल-गजरे, मिठाई, सुगंधि, भाँग-बूटी की दुकानें होंगी। शिव के यहाँ जीवन अपनी संपूर्णता में ग्राह्य है—'मन चल कर जायेगा कहाँ? बाहर-भीतर आनंदघन शिव के अतिरिक्त दूसरा स्थान कौन है?' जीवन की यह विराट् दृष्टि प्रसाद शैव दर्शन से लेते हैं, उसके ब्यौरों और पारिभाषिक शब्दों को नहीं। इस बिंदु तक पहुँचने का उनका मार्ग अपना है।

नंददुलारे वाजपेयी ने प्रसाद विषयक एक संस्मरणात्मक लेख ('प्रसाद का व्यक्तित्व और कृतित्व') में बताया है कि अपने घर में प्रसाद को तीन स्थान विशेष रूप से प्रिय थे—मंदिर, फुलवारी और अखाड़ा। यदि ध्यान दिया जाये तो दिखेगा कि ये तीनों जैसे प्रतीक हैं आध्यात्मिकता, सौंदर्यप्रियता और पौरुष के। जीवन की ऐसी समग्र-समृद्ध प्रस्तावना ही कवि के लिए काम्य थी जिसकी अभिव्यक्ति उसे इंद्र, शिव और कृष्ण के चरित्र में दिखाई दी। भारतीय संस्कृति के इस मूल सकारात्मक ऐहिक रूप को कवि ने बराबर रेखांकित किया है अपनी रचनाओं में भी और वैचारिक निबंधों में भी। मध्यकालीन निवृत्तिपरक रुझान और संन्यास के आदर्श को उन्होंने सांस्कृतिक प्रवाह में एक विचलन के तौर पर देखा है।

जैसा संकेत किया गया, आधुनिक कविता के विकास में प्रसाद के यहाँ पहली बार देखा जा सकता है कि लौकिक और अलौकिक प्रेम के बीच अंतर विलीन हो गया है। भारतेंदु हरिश्चंद्र अपनी नाटिका 'श्रीचंद्रावली' सीधे अपने आराध्य श्रीकृष्ण को समर्पित करते हैं। सख्य भाव की मुद्रा में वे कहते हैं, 'प्यारे! लो तुम्हारी चंद्रावली तुम्हें समर्पित है। अंगीकार तो किया ही है, इस पुस्तक को भी उन्हीं की कानि से अंगीकार करो! इसमें तुम्हारे उस प्रेम का वर्णन है, इस प्रेम का नहीं जो संसार में प्रचलित है।' प्रसाद में आकर 'उस प्रेम' और इस प्रेम का अंतर मिट जाता है। यह ठीक है कि आराध्य और प्रेमास्पद के बीच अद्वैत की यह अनुभूति प्रसाद के पहले रवींद्रनाथ ठाकुर में देखी जा सकती है, पर यह भी स्मरणीय है कि 'गीतांजलि' और 'झरना' के प्रकाशन में छः वर्षों का ही अंतर है (१९१२-१९१८)। 'झरना' का समर्पण है—

हृदय ही तुम्हें दान कर दिया। क्षुद्र था उसने गर्व किया॥
तुम्हें पाया अगाध गंभीर! कहाँ जल बिंदु, कहाँ निधि क्षीर॥

हमारा कहो न अब क्या रहा? तुम्हारा सब कब का हो रहा॥
तुम्हें अर्पण, और वस्तु त्वदीय? छीन लो छीन ममत्त्व मदीय॥

यहाँ 'तुम्हें' और 'तुम्हारा' जितना परम तत्त्व का संशोधन है उतना ही प्रेमास्पद का। अब कविता में व्यक्त प्रेम उसके आलंबन की लौकिकता-अलौकिकता पर निर्भर न होकर उसके प्रेम-भाव की उत्कटता पर निर्भर है। राधाकृष्ण को आश्रय-आलंबन रूप में चित्रित करने वाली कविता, इस दृष्टि से, सस्ती वासनाओं को उभारने वाली और अश्लील हो सकती है, और सामान्य नायक-नायिका को संबोधित रचना उत्कृष्ट कला-प्रधान तथा आध्यात्मिक कोटि की। आधुनिक काल में आकर ईश्वर और मनुष्य का रिश्ता एक नया मोड़ लेता है। मनुष्य अब संपूर्ण रचना के केंद्र में है; ईश्वर व्यक्तिगत आस्था का विषय है, काव्यगत चित्रण का नहीं।

परम तत्त्व और प्रेमास्पद के बीच उभरते अद्वैत की अनुभूति द्विवेदीयुगीन इतिवृत्तात्मक भाषा-शैली में संभव नहीं थी। यहाँ फिर प्रसाद पहले कवि हैं जहाँ संश्लिष्ट भाषिक विधान में यह नये ढंग की अनुभूति होती है। उनके काव्यात्मक विकास में अच्छी तरह देखा जा सकता है कि 'प्रथम प्रभात' नामक कविता में यह नयी भाषिक संभावना पहली बार उजागर हुई है। यह संयोग से कुछ अधिक है कि यह कविता कवि के दो आरंभिक संकलनों में संकलित है—पहले खड़ी बोली काव्य-संकलन 'कानन-कुसुम' और पहले महत्त्वपूर्ण संकलन 'झरना' में। इन दोनों के संधि-काल में जैसे उस नयी काव्य-क्षमता का विकास होता है जिसे आगे चल कर छायावाद नाम दिया गया। 'प्रथम प्रभात' का पहला छंद इस प्रकार चलता है—

मनोवृत्तियाँ खग-कुल-सी थीं सो रहीं,
अंतःकरण नवीन मनोहर नीड़ में।
नील-गगन-सा शांत हृदय था हो रहा,
बाह्य आंतरिक प्रकृति सभी सोती रहीं॥

पूरी कविता तीन स्तरों पर एक साथ गतिशील होती है। एक स्तर पर प्रातःकालीन परिदृश्य का सीधे-सीधे अंकन है। साथ ही साथ प्रथम प्रणय की अनुभूति चित्रित होती चलती है। इन दो स्तरों के साथ-साथ, और जैसे उन की टकराहट में, परम तत्त्व के साक्षात्कार का प्रथम अनुभव सँजोया गया है। अर्थ के ये स्तर किसी श्लिष्ट प्रयोग से नहीं सधते, वरन् उसी शब्द विधान के बीच से फूटते हैं और एक-दूसरे के संपर्क में अधिक निखरते हैं। 'बाह्य' और 'आंतरिक प्रकृति' का हिंदी कविता में पहली बार आमना-सामना है, और छायावाद का 'प्रथम-प्रभात'। तब यह आकस्मिक नहीं कि बिंब-प्रक्रिया की शुरुआत हिंदी कविता में इसी बिंदु से होती है। अभी तक अनुभूति के सीधे, स्पष्ट और बेलाग रूप का चित्रण कवि-कर्म की सफलता के लिए एक प्रमुख कसौटी थी, आधुनिक काल के खड़ी बोली काव्य में मैथिलीशरण गुप्त का कृतित्व जिस एक दिशा में निष्पत्ति के रूप में देखा जा सकता है। प्रसाद के लिए जीवनानुभूति वैसी सीधी-सरल नहीं रह जाती, और तब वे बिंब-विधान में प्रवृत्त होते हैं। बिंब-प्रक्रिया में कुछ आरंभिक ढंग की रुचि मैथिलीशरण गुप्त में भी है, उदाहरण के लिए 'साकेत' के आठवें और नवें सर्ग में। पर बिंब को काव्य-विधान का प्रमुख उपकरण सबसे पहले प्रसाद बनाते हैं, अपने ही शब्दों में 'शब्द-विन्यास में ऐसा पानी चढ़ा' कर 'कि उसमें एक तड़प उत्पन्न करके सूक्ष्म अभिव्यक्ति का प्रयास किया गया।' कहना न होगा कि

अभिव्यक्ति अपने में निरपेक्ष नहीं, वह अनुभूति का ही उत्तर पक्ष है। और यह अनुभूति जितने सूक्ष्म स्तर पर साक्षात्कृत होगी उतनी ही जटिल तथा संश्लिष्ट होगी। यों, इसे उलट कर भी कहा जा सकता है। खड़ी बोली कविता की इस नयी क्षमता का एहसास तब बेहतर ढंग से होगा जब हम प्रसाद के 'प्रथम प्रभात' की तुलना मैथिलीशरण गुप्त के प्रातः वर्णन से करते हैं। साकेत में सूर्योदय की तैयारी है—

सूर्य का यद्यपि नहीं आना हुआ;
किंतु समझो, रात का जाना हुआ।
क्योंकि उसके अंग पीले पड़ चले;
रम्य-रत्नाभरण ढीले पड़ चले।

कठोर शब्दावली में मुहाविरों का आग्रह, सीधे छंद की लय और वैसा ही सूचनापरक वर्णन द्विवेदी युगीन इतिवृत्तात्मकता की खास पहिचान है। यहाँ प्रातःकाल की जानकारी होती है, उसकी अनुभूति नहीं। समकालीन अनुभूति इकहरी प्रायः नहीं होती, उसका स्वरूप संश्लिष्ट होता है। ब्रजभाषा के स्थान पर खड़ी बोली के रचनात्मक प्रयोग के आरंभ, तथा लौकिक और अलौकिक प्रेम का द्वैत डूबने के साथ-साथ आधुनिक कविता में अनुभूति का यह प्रकृत रूप बिंब-विधान में आविष्कृत होता है, जिसके पहले प्रमुख प्रयोगकर्त्ता प्रसाद हैं।

यहाँ से चल कर प्रसाद उत्तरोत्तर संश्लिष्ट तथा जटिल अनुभवों का चित्रण करते हैं। 'झरना' की 'विषाद' शीर्षक कविता इस नये विधान में पूरी तरह बनी हुई है। यहाँ संध्या और विषाद के अनुभव जैसे एक दूसरे में बँट दिए गए हों। अभी तक समीक्षा-मात्र में अर्थ का द्वैत बना रहा है—मुख्यार्थ : व्यंग्यार्थ; प्रस्तुत : अप्रस्तुत, 'इमोशन' : 'आब्जेक्टिव कोरिलेटिव'। यहाँ छायावाद में पहली बार अर्थ के स्तर अलग-अलग दिखने पर भी एक दूसरे में मिल गए हैं, संश्लिष्ट हैं। इन रचनाओं में से आधुनिक साहित्य-चिंतन की नयी अवधारणा विकसित होती है—'अर्थ का अद्वैत', जहाँ अर्थ के अलग-अलग स्तर एक दूसरे से टकरा कर वृहत्तर अर्थ की सृष्टि करते हैं, और स्वयं विलीन हो जाते हैं। 'आँसू' के सूक्ष्म प्रबंध और 'कामायनी' के महत्त्वाकांक्षी विधान में मानव जीवन का समग्र-संश्लिष्ट रूप चित्रित होता है, जिसे नंददुलारे वाजपेयी ने अपने ग्रंथ 'जयशंकर प्रसाद' की भूमिका में कहा है 'बड़े जीवन-चक्रों को हाथ में लेना, पेचीदा भाव-धाराओं और सांस्कृतिक परिवर्तन के फलस्वरूप उठी हुई जटिल समस्याओं का निरूपण करना; व्यक्ति, देश और जांति के जीवन के वृहद् छायाआलोकों को उद्घाटित कर सकना; सारांश यह कि जीवन के गहरे और बहुमुखी घात-प्रतिघातों और विस्तृत जीवन-दशाओं में पद-पद पर आनेवाले उद्वेलनों को चित्रित करना, उन्हें सँभालना और अपनी कला में उन सब को सजीव करना।' 'कामायनी' में सुख-दुख के द्वंद्व के ऊपर आनंद की जैसी भाव-भूमि की खोज की गई है उसी के समतुल्य 'आँसू' में वेदना की स्थिति है। काव्य के उत्तर अंश में रात जैसी गहरी होती है वेदना वैसी ही सघन। सुख-दुख से ऊपर उठते हुए समरसता के माध्यम से जैसे आनंद की स्थिति तक पहुँचा जाता है वैसे ही वेदना तक भी। यहाँ वेदना के ऊर्ध्व मानस क्षेत्र का वर्णन कवि इस प्रकार करता है—

हो उदासीन दोनों से
दुख सुख से मेल करायें

ममता की हानि उठा कर
दो रूठे हुए मनायें
चढ़ जाय अनंत गगन पर
वेदना जलद की माला
रवि तीव्र ताप न जलाये
हिमकर का हो न उजाला।

नटराज के लोक की यात्रा के समय—जो प्रतीकात्मक रूप में आनंद की चरम स्थिति है—रहस्य सर्ग में 'कामायनी' का वर्णन इस प्रकार है—

ऊष्मा का अभिनव अनुभव था
ग्रह, तारा, नक्षत्र अस्त थे;
दिवा-रात्रि के संधि-काल में
ये सब कोई नहीं व्यस्त थे।
ऋतुओं के स्तर हुए तिरोहित
भू-मंडल रेखा विलीन-सी;
निराधार उस महादेश में
उदित सचेतनता नवीन-सी।

प्रसाद की जीवन-दृष्टि इस स्तर पर आनंद और वेदना को समान कोटि की अनुभूति मानती है। नये कवि मुक्तिबोध ने अपनी लंबी कविता 'अँधेरे में' के बीच परंपरागत अवधारणा 'सत्-चित्-आनंद' की टक्कर में नया प्रयोग दिया 'सत्-चित्-वेदना'। प्रसाद अपने ढंग से आनंद और वेदना दोनों को एक साथ साधते हैं।

और इसीलिए प्रसाद मूलतः समरसता के कवि हैं। वे द्वंद्व को मानते हैं, पर द्वंद्व से समरसता की ओर जाते हैं जहाँ वेदना या आनंद से साक्षात्कार करते हैं। द्वंद्व, समरसता, वेदना, आनंद—एक ओर यह शब्दावली परंपरागत भारतीय चिंतन-धारा से जुड़ी हुई है, पर दूसरी ओर प्रसाद उन में अर्थ का आविष्कार अपने रचनात्मक संदर्भ में करते हैं, यों दर्शन से बराबर जूझते हुए कवि बने रहते हैं, जिस भूमिका में वे श्री अरविंद की प्रतिरोधी स्थिति में पहुँचते हैं, जो कविता लिखते हुए भी रहते हैं दार्शनिक।

इस संदर्भ में यह ध्यान रखना है कि प्रसाद स्वयं विविध भारतीय तथा पाश्चात्य दार्शनिक व्यवस्थाओं को जाने-अनजाने लेते हुए उन्हें अपनी रचना में समरस करते चलते हैं। समरसता तथा आनंद की धारणा वे वैदिक और शैव पद्धतियों से उठाते हैं, करुणा की भावना बौद्ध दर्शन से। बौद्धों का समाज-संगठन उन्हें कभी प्रेरक नहीं लगा और अनेक संदर्भों में, विशेषतः अंतिम अधूरे उपन्यास 'इरावती' में उन्होंने उसकी तीखी आलोचना की है। द्वंद्व सिद्धांत का उल्लेख वे पश्चिम की द्वंद्व-प्रक्रिया के बहुत करीब करते हैं। 'कामायनी' का श्रद्धा सर्ग एक प्रकार से उनकी दार्शनिक मान्यताओं का प्रारूप है। दुख के भय से संसार से विरत नहीं हो जाना चाहिए, यह दृष्टिकोण उपस्थित करते हुए श्रद्धा मनु को समझाती है—

विषमता की पीड़ा से व्यस्त
हो रहा स्पंदित विश्व महान;

यही दुख-सुख विकास का सत्य
यही भूमा का मधुमय दान।

'विषमता' और 'दुख-सुख' का द्वंद्व विकास का मूलाधार है, पश्चिम की द्वंद्व-प्रक्रिया का यह सीधा आख्यान जान पड़ता है। इस संदर्भ में विषमता विकास के लिए आवश्यक है, और जो काम्य तथा व्यावहारिक है वह समता नहीं समरसता है, जिसका उल्लेख अगली ही पंक्ति में आता है—'नित्य समरसता का अधिकार उमड़ता कारण जलधि समान'। हेगेल और मार्क्स के बहुत निकट इतिहास के अंतर्गत द्वंद्व-प्रक्रिया की व्याख्या 'अजातशत्रु' नाटक के आमुख 'कथा-प्रसंग' में मिलती है—'मानव समाज की कल्पना का भंडार अक्षय है, क्योंकि वह इच्छा शक्ति का विकास है। इन कल्पनाओं का, इच्छाओं का मूल सूत्र बहुत ही सूक्ष्म और अपरिस्फुट होता है। जब वह इच्छा शक्ति किसी व्यक्ति या जाति में केंद्रीभूत होकर अपना सफल या विकसित रूप धारण करती है, तभी इतिहास की सृष्टि होती है। विश्व में जब तक कल्पना इयत्ता को नहीं प्राप्त होती, तब तक वह रूप-परिवर्त्तन करती हुई पुनरावृत्ति करती ही जाती है। समाज की अभिलाषा अनंत स्रोतवाली है। पूर्व की कल्पना के पूर्ण होते-होते एक नयी कल्पना उसका विरोध करने लगती है, और पूर्व कल्पना कुछ काल तक ठहरकर, फिर होने के लिए अपना क्षेत्र प्रस्तुत करती है। इधर इतिहास का नवीन अध्याय खुलने लगता है। मानव-समाज के इतिहास का इसी प्रकार संकलन होता है।' यहाँ भी प्रसाद इतिहास के विकास-क्रम में मानव इच्छाशक्ति को बुनियादी महत्त्व देते हैं। प्रसाद संबंधी अंतरसाक्ष्य और बहिरसाक्ष्य किसी आधार पर यह निर्णय निकालना कठिन है कि उन्होंने हेगेल अथवा मार्क्स अथवा किन्हीं पाश्चात्य दार्शनिकों का अध्ययन किया था। तब अनायास ही उनके यहाँ भारतीय और पाश्चात्य विचार-पद्धतियों का सामंजस्य होता दिखता है। व्यक्ति की इच्छाशक्ति और इतिहास-प्रवाह, समरसता और द्वंद्व को उन्होंने महज़ दार्शनिक स्तर पर नहीं, वरन् अपनी रचनात्मक जरूरतों के हिसाब से मिलाया है। उनके लिए तर्क महत्त्वपूर्ण है, पर अनुभूति उससे अधिक। और इस स्तर पर समरसता को वे बड़ा जीवन-मूल्य ठहराते हैं। 'चंद्रगुप्त मौर्य' नाटक में द्वंद्व चाणक्य और अरस्तू के बीच है अर्थात् भारतीय और पाश्चात्य मानस के बीच जिनके वे प्रतीक हैं—कार्नेलिया के शब्दों में, 'यह अरस्तू और चाणक्य की चोट है, सिकंदर और चंद्रगुप्त उनके अस्त्र हैं'। समरसता का प्रतीक दांड्यायन है जहाँ चाणक्य पहुँचना चाहता है, 'मैं बड़ा विलंब कर रहा हूँ! सुवासिनी, आर्य दांड्यायन के आश्रम में पहुँचने के लिए मैं पथ भूल गया हूँ।' द्वंद्व को वे महत्त्व देते हैं, पर द्वंद्व उनके लिए अनंत नहीं, उसे वे समरसता में परिणत करते हैं जहाँ पहुँचकर आनंद की स्थिति संभव होती है। समरसता यों प्रसाद के रचनात्मक व्यक्तित्व की पहिचान है, रचना-विधान में जिसकी एक महत्त्वपूर्ण परिणति उनकी संगीतप्रियता है। अपनी इस दार्शनिक प्रणाली को उन्होंने अपनी मान्यताओं के अनुरूप ही विकसित करके व्यवहार रूप में उसे प्रामाणिकता प्रदान की। समरसता का दर्शन उन्होंने कई द्वंद्व-अनुभवों के बीच से स्वयं सारा किया और पकाया है, जिसे कह सकते हैं प्रसाद-कल्प। प्रसाद की रचना और उनके दर्शन के बीच जैसी एकात्मकता है वैसी उनके दर्शन के स्वरूप और उनकी प्रणाली के बीच भी है। कृती व्यक्तित्व की यह एकनिष्ठता अद्वितीय है।

संगीतप्रियता का अर्थ यहाँ सिर्फ यह नहीं कि प्रसाद के गीतों में संगीतात्मक तत्त्व बहुत गहरा है, वरन् यह भी कि उनके अनेक प्रभावशाली बिंबों का विधान संगीत के विविध तत्त्वों

के सहारे हुआ है, और उनके संघषपूर्ण नाटकों की बुनावट के बीच कोई एक न एक चरित्र संगीतात्मक है, जैसे संगीत से ही बना है। संगीत इस दृष्टि से विधान भर नहीं, समूची मानसिकता है। द्विवेदी युगीन इतिवृत्तात्मकता के फैलाव के बाद बिंब-विधान प्रसाद के काव्य में उत्सव की तरह छाया हुआ है। इन बिंबों में से अनेक संगीत की शब्दावली और राग-रागिनियों से बने हैं। मूर्च्छना, मींड, श्रुति, तान, गीत-भार, विहाग उनकी बिंब-प्रक्रिया में विशेष रूप से जीवंत हो उठते हैं—'जो गूँज उठे फिर नस नस में मूर्च्छना समान मचलता सा' ('कामायनी' : लज्जा सर्ग में सौंदर्य का वर्णन), 'प्राणों की व्याकुल पुकार पर एक मींड़ ठहरा ज़ाओ' ('लहर' : जग की सजल कालिमा रजनी में), 'पथिक उनींदी श्रुति में किसने यह विहाग की तान उठाई' ('स्कंदगुप्त' : देवसेना का अंतिम गीत), 'मरना ही भारत की नारियों का / एक गीत-भार है' ('प्रलय की छाया'), 'आँखों में भरे विहाग री' ('लहर')। अपने नाटकों के विधान में प्रसाद संघर्ष का तत्त्व तो पश्चिम से लेते हैं—भारतीय परंपरा यहाँ लालित्य प्रधान रही है—पर उसे शमित करते हैं वे संगीत के माध्यम से, संगीत से बने पात्रों से। हर महत्त्वपूर्ण नाटक में प्रसाद ने एक पात्र ऐसा रक्खा है—देवसेना ('स्कंदगुप्त'), मालविका ('चंद्रगुप्त मौर्य'), पद्मावती ('अजातशत्रु'), कोमा ('ध्रुवस्वामिनी')। इस क्रम में निश्चय ही देवसेना सर्वाधिक ख्यात है। संपूर्ण सृष्टि की व्याख्या वह एक विराट् संगीत के रूप में करती है, 'प्रत्येक परमाणु के मिलने में एक सम है, प्रत्येक हरी-हरी पत्ती के हिलने में एक लय है। मनुष्य ने अपना स्वर विकृत कर रक्खा है, इसी से तो उसका स्वर विश्व-वीणा में शीघ्र नहीं मिलता। पांडित्य के मारे जब देखो, जहाँ देखो, बेताल-बेसुरा बोलेगा।'

इस प्रसंग में एक रोचक विडंबना प्रसाद और निराला के संगीत से लगाव को लेकर देखी जा सकती है। निराला अपने कवित्व को संगीत के लिए घोषित रूप से प्रतिश्रुत करते हैं। 'गीतिका' की भूमिका में उन्होंने लिखा, 'मैं खड़ी बोली में जिस उच्चारण-संगीत के भीतर से जीवन की प्रतिष्ठा का स्वप्न देखता आया हूँ, वह ब्रजभाषा में नहीं।' यहाँ उनकी एक बड़ी महत्त्वाकांक्षा यह रही कि उनके खड़ी बोली गीत संगीतज्ञों के बीच वैसे ही ओठों पर चढ़ जाएँ जैसे कि ब्रजभाषा की बंदिशें रही हैं। इसके लिए उन्होंने काफी तैयारी की, और बड़े कारुणिक संदर्भ में लिखा कि इस काम में उन्हें कभी एक हारमोनियम की सहूलियत न मिल सकी। दूसरी ओर संगीत के प्रति प्रसाद का रवैया लेखकीय अहंकार से युक्त रहा, बहुत कुछ वैसा ही जैसा कि उनका दृष्टिकोण रंगमंच के लिए था। संगीत को वे काव्य का वाहन मानते हैं, 'इसलिए इसका उपयोग काव्य के वाहन-रूप में किया जाता है, जो काव्य की दृष्टि से उपयोगी और आकर्षक है।' ('काव्य और कला') स्पष्ट ही संगीत की अपनी स्वायत्त सत्ता के विरोध में यह मत जाता है। पर प्रस्तुत सीमित विवेचन में प्रसाद का दृष्टिकोण स्वयं अपनी कविताओं की संगीतात्मकता के लिए किसी कदर उपयोगी हुआ। निराला ने पूरी सैद्धांतिक तथा व्यावहारिक तैयारी के साथ खड़ीबोली में गीत लिखने का उपक्रम किया, पर संगीत में लोकप्रियता प्रसाद के गीतों को अधिक मिली। इसका एक कारण शायद यह हो सकता है कि निराला की काव्यभाषा में, विशेषतः उनके रचनाकाल के पूर्वार्द्ध में, तत्सम शब्दावली का आग्रह प्रसाद से अधिक है, और इसी से जुड़ी बात यह कि निराला की शब्दावली में संयुक्त व्यंजनों का आधिक्य है जबकि प्रसाद ने ऐसे कठोर ध्वनि-समूह को कोशिश करके बचाया है। वे 'वृंदावन' के तत्सम रूप के स्थान पर लोक में प्रचलित 'बृन्द्रावन' को अपनाते हैं। 'जीवन-धन! इस जले जगत को बृन्द्रावन बन जाने दो!') शास्त्रीय पद्धति पर निराला के

गीतों को बाँधने में इस कठिनाई का अनुभव बार-बार हुआ है कि उनकी शब्दावली संगीत में बहुत घुल नहीं पाती। प्रसाद की भाषा और संवेदना दोनों में संगीत की समरसता मिलती है, जो उनकी जीवन-दृष्टि की समरसता से जुड़ी हुई है।

प्रसाद का गीत-विधान 'कामायनी' को छोड़कर—जिसकी बनावट से उसका मेल नहीं खाता—किसी न किसी रूप में उनके समूचे काव्य में परिव्याप्त है। और यह भी स्मरणीय है कि आधुनिक हिंदी कविता में गीत की शुरुआत छायावाद से, प्रसाद से होती है। 'झरना', 'लहर' और प्रसाद के नाटकों के गीतों को पढ़ कर सहसा विश्वास नहीं होता कि खड़ी बोली हिंदी की ये पहली गीत रचनाएँ हैं। सूर के ब्रजभाषा पदों के प्रसंग में आचार्य शुक्ल का विस्मय सहसा याद हो आता है "ध्यान देने की सबसे पहली बात यह है कि चलती हुई ब्रजभाषा में सबसे पहिली साहित्यिक कृति इन्हीं की मिलती है, जो अपनी पूर्णता के कारण आश्चर्य में डाल देती है।" उल्लेखनीय यह भी है कि प्रसाद के गीतों में प्रकृति का वर्णन, आत्म-निवेदन, प्रणय-संवेदन भर नहीं है। उसके साथ बौद्धिक-दार्शनिक ताप ऐसा घुल-मिल गया है कि उसे अलग से बताना कठिन है। प्रसिद्ध गीत 'बीती विभावरी जाग री!' जैसा प्रिया को जगाने का शृंगार प्रधान मनोभाव है, वैसा ही सूक्ष्म पृष्ठभूमि में समूची चेतना को जगाने का उपक्रम। आरंभ के बंद अधिकतर इतिवृत्तपरक हैं, पर पूरा गीत सघन कविता हो उठता है अंतिम दो बिंबों के प्रयोग से—

अधरों में राग अमंद पिये,
अलकों में मलयज बंद किये—
तू अब तक सोई है आली।
आँखों में भरे विहाग री।

'अलकों में मलयज' और 'आँखों में भरे विहाग' के बिंब कविता के अनुभूतिक्रम को एकबारगी असाधारण विस्तार दे देते हैं। 'मलयज' में सुगंधि-सौंदर्य-सुकुमारता एक दूसरे से लगे-लिपटे हैं, और 'विहाग' में देर रात्रि का वातावरण, संगीत का प्रवाह और सहज सलज्जता परस्पर संश्लिष्ट हैं। ऐसे ही बिंब विधान में एज़रा पाउंड द्वारा दी गई बिंब की परिभाषा याद आती है—"बिंब वह है जो किसी बौद्धिक तथा भावात्मक संश्लेष को समय के किसी एक बिंदु पर संभव करता है।"

देवसेना के गीत 'आह वेदना मिली विदाई!' का संवेदनात्मक आयाम वैसा विस्तृत है जैसा कि समूचे 'स्कंदगुप्त' नाटक का। एक ओर यह गीत नाटक के देश-काल में फैले घटना-क्रम पर संक्षिप्त टिप्पणी है, और दूसरी ओर सारे नाटक का सार भी। जितना कुछ नाटक अपने बहुविध संघर्ष भरे कथानक से कहना चाहता है वह इस छोटे से गीत में अनायास संकेंद्रित हो गया है। एक ओर वह स्थूल घटना-क्रम की ओर संकेत करता है, और दूसरी ओर उससे निःस्सृत जीवन-दृष्टि के रूप में निष्पन्न होता है। 'चढ़कर मेरे जीवन-रथ पर / प्रलय चल रहा अपने पथ पर / मैंने निज दुर्बल पद-बल पर / उससे हारी-होड़ लगाई' में समूचे जीवन की ट्रैजडी का सूत्र कह दिया गया है। रथ और पैदल की दौड़ में जीतना किसे है, यह स्पष्ट है, और इसलिए इस प्रक्रिया को कवि ने कहा 'हारी-होड़' : प्रलय अंततः मनुष्य को घेर लेता है, विजय ट्रैजडी की है। प्रलय के रथ के बिंब में पहियों की घरघराहट सुन पड़ती है और शक्ति-सत्ता का प्रदर्शन भी है। शब्द को विस्तार मिलता है संगीत में नाद के स्तर पर, कुछ वैसे ही प्रसाद के गीतों में अनुभूति को सघनता मिलती है दर्शन और चिंतन के संपर्क में। ऐसा

अर्थ-सघन गीत-विधान यदि कहीं और मिलता है तो निराला के यहाँ। प्रसाद और निराला के गीत इस दृष्टि से आधुनिक कविता की अतुलनीय उपलब्धि हैं। उपर्युक्त गीत में 'मेरे जीवनरथ' और 'पैदल मैं' के बीच का सूक्ष्म अंतर जिस बिंदु पर किया गया है वहाँ कविता और दर्शन एक दूसरे में विलीन हो जाते हैं, जो प्रसाद-काव्य की केंद्रीय विशेषता है।

'आँसू' सामान्यतः मुक्तकों का संकलन माना जाता है, और अपने पहले संस्करण (१९२५) में शायद कवि द्वारा इसी रूप में परिकल्पित था। उसके काव्य-विधान, आलंबन के स्वरूप और उसमें अंतर्निहित वेदना की प्रकृति को लेकर कई प्रकार के विवाद चलते रहे हैं, जिन पर विचार करते हुए ही हम छायावाद की इस विशिष्ट काव्य-कृति को ठीक ढंग से समझ सकते हैं। प्रथम संस्करण के आठ वर्ष बाद प्रकाशित इसके दूसरे संस्करण में कवि ने कुछ महत्त्वपूर्ण परिवर्तन किए जिनके बारे में प्रकाशकीय वक्तव्य इस प्रकार दिया गया, "आँसू के इस दूसरे संस्करण में, छंदों का क्रम, कुछ बदल दिया गया है। कुछ छंद और भी जोड़ दिये गये, जो पहले संस्करण के बाद लिखे गये थे।" कवि द्वारा किए गए इन सचेष्ट परिवर्तनों का प्रभाव स्पष्ट ही 'आँसू' के काव्य-विधान पर पड़ता है। दोनों संस्करणों की तुलना में दिखाई देगा कि पहला संस्करण पूरी रचना की तैयारी भर है। और वह रचना भी कैसी है जिसे आरंभिक प्रारूप से अंत तक पकते-पकते आठ वर्षों का लंबा समय लगा। तब 'आँसू' के मुख-बंध में प्रस्तुत छंद की प्रासंगिकता समझ में आती है—

जो घनीभूत पीड़ा थी
मस्तक में स्मृति-सी छाई
दुर्दिन में आँसू बन कर
वह आज बरसने आई।

इस लंबी रचना-प्रक्रिया में 'आँसू' एक सूक्ष्म प्रबंध या कि प्रबंध-गीत का रूप धारण कर लेता है। इसका सबसे बड़ा साक्ष्य इस बात में है कि प्रथम संस्करण के छंद छपाई में लगातार चलते जाते हैं, जब कि दूसरे संस्करण में उन्हें स्थान-स्थान पर अंतराल देकर नये ढंग से लगाया गया है। इस क्रम में संध्या के आरंभ से लेकर कथा प्रातःकाल तक चलती है, जहाँ प्रकृति के दृश्यगत परिवर्तनों के साथ-साथ सघन भावात्मक विकास भी द्रष्टव्य है, इन दोनों के बीच एक सूक्ष्म प्रणय-कथा बुन दी गई है क्रमशः विराट् होते जीवन संदर्भ में। 'आँसू' की इस नयी प्रबंधात्मकता का एक और साक्ष्य उन पूरे काव्य-प्रसंगों में मिलता है जो रचना के दूसरे संस्करण में जोड़े गए हैं। उदाहरण के लिए 'आँसू' में ज्वाला विषयक एक प्रसंग बारह छंदों का आता है जो पहले संस्करण के बाद १९३२ के 'जागरण' पत्रिका के होलिकांक में, अर्थात् १९३३ के द्वितीय संस्करण के कुछ ही पूर्व, प्रकाशित हुआ था। यह प्रसंग अपने आप में एक नियमित क्रम में चलता है—तीन-तीन छंदों के चार गुच्छ हैं, यों कुल बारह छंद हैं। हर तीसरे छंद के अंत में 'ज्वाला' के प्रति संबोधन है—'जलती हो मेरी ज्वाला!' यहाँ 'ज्वाला' स्पष्ट ही 'वेदना' का प्रतीक है।

काल-क्रम की दृष्टि से 'आँसू' का आरंभ वर्तमान स्थिति के आख्यान से होता है, जहाँ विरह की भाव-भूमि का प्रसार है, फिर कथा अतीत के पर्यालोचन में जाती है, और अंततः वर्तमान के पुनर्विचार में लौटती है। वर्तमान स्थिति का आख्यान संध्या से चलता है, जो इस युग की अधिकतर बड़ी रचनाओं का प्रिय आरंभ-वर्णन कहा जा सकता है—

बस गई एक बस्ती है
स्मृतियों की इसी हृदय में
नक्षत्र-लोक फैला है
जैसे इस नील निलय में।

हृदय की स्मृतियों की बस्ती—जो कुछ बेतरतीब रूप में फैली है—और आकाश में नक्षत्र-लोक बड़े सहज बिंब-प्रतिबिंब रूप में उभरते हैं। सामान्य और विराट् का यह मेल रचना के अंत में चल कर और सघन होता है।

'आँसू' की संध्या रात में बदलती है, रात गहरी होती है, सन्नाटा बढ़ता जाता है। साथ-साथ कवि की वेदना गहराती है। अंतिम प्रहर में पहुँच कर कवि पाता है कि वेदना उसी की नहीं है, यह तो संपूर्ण सृष्टि की पीड़ा है जिसे वह अनुभव कर रहा है। वह अपनी वेदना को संबोधित करके पूछता है, 'बतला दो अरे, न हिचको क्या देखा शून्य गगन में / कितना पथ हो चल आई रजनी के मृदु निर्जन में?' कवि की वेदना सारी रात घूमी है, और संपूर्ण सृष्टि में उसने पीड़ा ही पीड़ा देखी है—मानस कुमुदों का रोना, बौने जलनिधि का हाहाकार मचाना, ज्वालामुखियों का युग-युगों से अभिशाप-ताप झेलना, मधुकर की कली के साथ मनमानी, निराश नयनों के आँसू और चिर वंचित भूखों की प्रलय दशा। प्रकृति और मानवता में सर्वत्र पीड़ा दिखाई देती है। और अंत में कवि स्पष्ट करता है—'सूखी सरिता की शय्या वसुधा की करुण कहानी / कूलों में लीन न देखी क्या तुमने मेरी रानी?' यों सभी सृष्टि की पीड़ा में कवि की वेदना ('मेरी रानी') समाहित हुई है; एक व्यक्तिगत प्रणय-कथा वेदना के विराट् दर्शन में बदल गई है, जहाँ से फिर जागरण और आलोक का स्वर उभरता है—

सब का निचोड़ लेकर तुम
सुख से सूखे जीवन में
बरसो प्रभात हिमकन-सा
आँसू इस विश्व-सदन में।

कवि ने समूची कृति में जैसे पीड़ा-वेदना और उससे उत्पन्न कला-रचना ('आँसू') की ही व्यांख्या की है, जिसे सूत्र-रूप में काव्य के मुख-बंध में कह दिया गया है। इस स्तर पर कवि की नायिका और प्रेमिका की बात करना, उस आलंबन के नाम-पते की पहचान बताना अपने आप में अप्रासंगिक या किसी कदर हास्यास्पद हो उठता है। 'आँसू' के अध्ययन-संस्करण (१९७६) की भूमिका में ऐसी कुछ चटपटी जिज्ञासाओं का समाधान कवि के अभिन्न मित्र और कला-मर्मज्ञ राय कृष्णदास ने करना चाहा है।

जैसा पहले संकेत किया जा चुका है, छायावाद में पहली बार लौकिक-अलौकिक प्रेम का अंतर रचना में डूब गया है। रचना में प्रेम की लौकिकता-अलौकिकता का प्रमाण इसमें नहीं है कि वहाँ प्रेम का वर्णन व्यक्तिगत प्रसंग का है या राधा-कृष्ण, शिव-पार्वती का। बहुत संभव है कि व्यक्तिगत प्रणय-प्रसंग सूक्ष्म आध्यात्मिक गहराई तक पहुँचा हो और राधा-कृष्ण की प्रणय लीला स्थूल दैहिक स्तर पर ही रह गई हो। इस संदर्भ में अपने नख-शिख और संयोग शृंगार वर्णन ('परिरंभ कुंभ की मदिरा निश्वास मलय के झोंके') के साथ 'आँसू' का प्रणय-विधान विराट् प्रकृति के साथ एकात्म हो जाता है संयोग और विरह दोनों प्रसंगों में। सारे नख-शिख वर्णन के बाद कवि उसे समेटता है—

चंचला स्नान कर आवे
चंद्रिका पर्व में जैसी
उस पावन तन की शोभा
आलोक मधुर थी ऐसी!
छलना थी, तब भी मेरा
उसमें विश्वास घना था
उस माया की छाया में
कुछ सच्चा स्वयं बना था।

'आँसू' में प्रेम और सौंदर्य के संबंध में प्रसाद का यह निजी प्रमाणीकरण हिंदी कविता के इस पक्ष को पूरे तौर पर बदल देता है जैसे 'कामायनी' में मध्यकालीन संस्कृति और दर्शन का कायाकल्प हो जाता है। बिजली की कौंध जैसा चंचल सौंदर्य चाँदनी में नहा कर पवित्र हो गया हो : एक ओर 'चंचला' की परिकल्पना है जिसका रूप तीखा, चंचल और मारक है, दूसरी ओर उसके प्रतिरोध में 'पर्व', 'स्नान', 'पावन तन' और 'आलोक मधुर' जैसे प्रयोग जमाये गए हैं, जिनसे शांति, पवित्रता और प्रकाश की छवि उभरती है। यह सब मिल कर प्रसाद के सौंदर्य को रूपाकार देते हैं। और ऐसे सौंदर्य के लिए प्रणय का रूप अगले छंद में व्याख्यायित हुआ है। अँग्रेजी के रोमांटिक कवियों से प्रसाद का दृष्टिकोण कितना फरक है, इसका एक और महत्वपूर्ण साक्ष्य यहाँ मिलता है। साथ ही कवि परंपरागत भारतीय विचार-धारा से भी इस संदर्भ में अपने को अलग कर लेता है। वह मान लेता है कि प्रिय का सौंदर्य 'छलना' है, 'माया की (भी) छाया' है; पर इससे क्या? प्रणय-प्रक्रिया के द्वारा 'उस माया की छाया में' कवि ने अपने को तो सच्चा बनाया है। मिथ्या कहे जाने वाले जगत में प्रेम की सच्चाई यों प्रमाणित होती है। दूसरी ओर असफल प्रणय में रोमांटिक कवियों का निराशा-भाव बार-बार उभरा है। अँग्रेजी कवि कीट्स की 'लामिया' और 'निष्ठुर सुंदरी' जैसी कविताएँ इस निराशा में डूबी रही हैं। प्रसाद असफल प्रणय की निराशा में अपने को खरा बनाते हैं, एक प्रकार से अपने व्यक्तित्व को उपलब्ध करते हैं। यह है 'आँसू' का प्रणय-दर्शन।

वेदना के बारे में कहा जा चुका है कि वह प्रसाद के यहाँ एक स्तर पर आनंद के समतुल्य है, सुख और दुख से ऊपर उठ कर। 'आँसू' में वह वेदना 'कल्याणी शीतल ज्वाला' बताई गई है। 'आँसू' का पहला छंद ही वेदना के सागर का वर्णन करता है—'क्यों हाहाकार स्वरों में वेदना असीम गरजती?' ५० वर्ष पूर्व हिंदी कविता के यशस्वी संकलनकर्त्ता और समीक्षक रामनरेश त्रिपाठी ने अपने समय की जानकारी के हिसाब से 'कविता कौमुदी'—दूसरा भाग (चौथा परिवर्द्धित संस्करण) की भूमिका में उपर्युक्त पंक्तियों पर ठीक ही आपत्ति की थी—''वेदना गरजती' पर ध्यान दीजिए। वेदना करुणोत्पादक होती है और गर्जना वीरता-व्यंजक। दोनों का मेल नहीं हो सकता। वेदना सिसक सकती है, चीत्कार कर सकती है, गरज नहीं सकती।'' परंतु अब यदि इन पंक्तियों पर फिर से ध्यान दिया जाये तो समझ में आयेगा कि यहाँ वेदना का सागर वर्णित है, और गरजना सागर की प्रकृति है, जिसके लिए वीरता का संदर्भ अपेक्षित नहीं। और उससे महत्त्वपूर्ण बात यह कि कवि वेदना को संपूर्ण जीवन की उपलब्धि के रूप में स्वीकार करता है, उसे एक दुखद प्रसंग के रूप में नहीं देखता। विरह की कालिमा का वर्णन कवि इस प्रकार करता है—'जब शांत मिलन संध्या को हम हेम जाल

पहनाते / काली चादर के स्तर का खुलना न देखने पाते / अब छुटता नहीं छुड़ाए रँग गया हृदय है ऐसा / आँसू से धुला निखरता यह रंग अनोखा कैसा।' यह वेदना का गहरा रंग संभव होता है सुख-दुख के स्तर से ऊपर उठने पर—

चढ़ जाय अनंत गगन पर
वेदना जलद की माला
रवि तीव्र ताप न जलाये
हिमकर का हो न उजाला।

वेदना का क्षेत्र उस ऊर्ध्व मानस में है जहाँ न सूरज की गरमी सताती है और न जहाँ चंद्रमा की शीतलता का सुखद स्पर्श है। यह वेदना कवि के अनुसार सर्जनात्मकता का मूल स्रोत है। 'आँसू' के मुख-बंध का प्रसिद्ध छंद 'जो घनीभूत पीड़ा थी'—इसी की व्याख्या करता है। घनीभूत 'पीड़ा' समय के अंतराल में थिरा कर 'वेदना' बन जाती है, और दुर्दिन में वहीं 'आँसू'—आँख से बहने वाले और हृदय से निकलने वाले काव्य-रूप दोनों—का आकार ग्रहण करती है। स्थूल पीड़ा से सूक्ष्म वेदना, और व्यक्तिगत वेदना से निर्वैयक्तिक धरातल पर रचना का क्रम चलता है : यह कविता में कवि द्वारा विकसित काव्यशास्त्र है, जो एक दिशा में सर्जनात्मक क्षमता की महत्त्वाकांक्षी निष्पत्ति कही जायेगी। एक समूचे खंड ('नाविक! इस सूने तट पर किन लहरों में खे लाया...') में कवि ने वेदना और कला के एकाकी प्रदेश का चित्रण किया है, जहाँ का बिंब-वैभव जितना सूक्ष्म है उतना ही प्रभावी। यह सर्जनात्मकता के ऊर्ध्व मानस का क्षेत्र है वर्णन की दृष्टि से और स्वयं उसके विधान की दृष्टि से भी।

'आँसू' में वेदना का यह स्वरूप समरसता-प्रक्रिया से कुछ वैसा ही जुड़ा है जैसा 'कामायनी' में आनंद का स्वरूप। सुख-दुख की टकराहट में समरसता का विकास होता है, और इस समरसता से एक ओर वेदना की भाव-भूमि जुड़ी हुई है और दूसरी ओर आनंद की। 'आँसू' में इस प्रक्रिया का वर्णन यों है—

मानव जीवन वेदी पर
परिणय हो विरह मिलन का
दुख सुख दोनों नाचेंगे
है खेल आँख का मन का।

'कामायनी' में दुख और निराशा से प्रताड़ित मनु को श्रद्धा समझाती है—

विषमता की पीड़ा से व्यस्त
हो रहा स्पंदित विश्व महान;
यही दुख सुख विकास का सत्य
यही भूमा का मधुमय दान।

संगीत के रूपक में कह सकते हैं कि दुःख का तानपूरा एक स्वर से लगातार बजता रहता है, जिस पृष्ठभूमि पर सुख के राग की सृष्टि होती है, और ये दोनों मिलकर आनंद को संभव करते हैं। 'आँसू' के संदर्भ में आनंद का स्थान वेदना ले लेती है। जैसा संकेत किया गया, 'आँसू' का विधान दुःख और पीड़ा के वर्णन से आरंभ होता है, फिर अतीत के पर्यालोचन में सुख और

संयोग के दृश्य हैं ('सोयेगी कभी न वैसी फिर मिलन कुंज में मेरे / चाँदनी शिथिल अलसाई सुख के सपनों से तेरे'), और अंतिम अंश में वेदना का विराट् रूप प्रदर्शित हुआ है, जिसकी उपलब्धि के उल्लेख से रचना आरंभ हुई थी। यों एक पूरा चक्रीय विधान 'आँसू' के लिए प्रसाद ने बनाया है। अंतिम अंश में दो संबोधन-गीत हैं। एक निद्रा या रात के लिए, दूसरा सीधे वेदना के लिए जिसे प्रतीक रूप में 'ज्वाला' कहा गया है। दूसरे संबोधन-गीत का कुछ विवेचन पहले हो चुका है। पहले का आरंभ होता है—

वेदना विकल फिर आई
मेरी चौदहो भुवन में
सुख कहीं न दिया दिखाई
विश्राम कहाँ जीवन में?

चौदहो भुवन के भ्रमण में वेदना पाती है कि जड़ और चेतन सभी दुःख से ग्रस्त हैं, एक प्रसंग जो राजकुमार सिद्धार्थ के दुःख-दर्शन का स्मरण दिला सकता है। तब अंत में प्रकट होता है कि यह सारी पीड़ा कवि ने स्वयं भोगी है, और इनके मूल में उसकी अपनी वेदना ('मेरी रानी') लीन है। आनंद की तरह यों एक व्यापक संघर्ष-प्रक्रिया में वेदना की उपलब्धि होती है। वेदना के नाम अंतिम संबोधन-गीत में कवि पहिचान पाता है कि उस के दुख से दग्ध हृदय में ही वेदना संभव हुई है—

तुम! अरे, वही हाँ तुम हो
मेरी चिर जीवन-संगिनि
दुख वाले दग्ध हृदय की
वेदने! अश्रुमयि रंगिनि।

और फिर वेदना के विराट् दर्शन में इस दुखी दग्ध संसार के लिए जागरण और सहानुभूति का मंगल संदेश मुखरित होता है—'बरसो प्रभात हिमकन-सा आँसू इस विश्व-सदन में।'

'आँसू' और 'कामायनी' यों एक दूसरे की विरोधी नहीं पूरक रचनाएँ हैं। हिंदी साहित्य के इतिहास के इस काल में एक विलक्षण स्थिति यह है कि अपने समय के तीन बड़े लेखक अपनी मृत्यु के ठीक पूर्व अपनी श्रेष्ठतम रचना प्रकाशित करते हैं। 'कामायनी' का प्रकाशन होते-होते प्रसाद नहीं रहते, 'गोदान' के बाद प्रेमचंद की मृत्यु हो जाती है, और 'हिंदी साहित्य का इतिहास' का नया परिवर्द्धित रूप तैयार करके रामचंद्र शुक्ल चले जाते हैं। ये तीनों कालजयी कृतियाँ अपने लेखकों की रचना-आकांक्षाओं की निष्पत्ति हैं, और परवर्त्ती पीढ़ियों के लिए उनका संदेश-पत्र। 'कामायनी' इस रूप में प्रसाद की ही नहीं अपने पूरे युग की बहुत सारी संभावनाओं का दोहन कर लेती है।

'कामायनी' का रचाव जैसा जटिल है विधान वैसा ही व्यापक तथा महत्त्वाकांक्षी। इसमें एक ओर मानव संस्कृति के विकास का आख्यान है, और साथ ही साथ आदिम मनुष्य का उत्तरोत्तर जटिल और संघटित होता रूप है। सस्कृति के विकास में कबि दिखाता है कि मनुष्य मृगया-युग और कृषि-युग को पार करता हुआ वर्तमान यांत्रिकी-युग में आन पहुँचा है, और इस यांत्रिकी-युग के क्या खतरे हैं, तथा उनका अतिक्रमण कैसे संभव है। श्रद्धा से मिलने के पूर्व मनु मृगया-युग में जीवन-यापन कर रहे हैं, श्रद्धा की आत्मीयता कृषि-युग के साथ है, जब कि इड़ा यांत्रिकी-युग की अधिष्ठात्री है, जो जितनी समस्याओं का हल करती है,

उससे कहीं अधिक उत्पन्न करती हैं। सभ्यता के विकास के साथ-साथ मनुष्य के अंतःकरण का विकास भी 'कामायनी' में चित्रित हुआ है। आदिम प्रभुत्व और एकांत आधिपत्य की भावना से भरा हुआ मनुष्य का अंतःकरण कैसे ईर्ष्या-ग्रस्त होता है, और फिर धीमे-धीमे मनु का अहं भाव श्रद्धा के साहचर्य में प्रेम की महिमा सीखता है। कर्म सर्ग में श्रद्धा मनु को समझाती है—

अपने में सब कुछ भर कैसे व्यक्ति विकास करेगा?
यह एकांत स्वार्थ भीषण है अपना नाश करेगा।
औरों को हँसते देखो मनु हँसो और सुख पाओ,
अपने सुख को विस्तृत कर लो सबको सुखी बनाओ।

प्रसाद ने बड़ी निष्ठा के साथ प्रदर्शित किया है कि इन नये मान-मूल्यों के आधार पर विकसित मानवीय संस्कृति देव संस्कृति की तुलना में किसी तरह हीन नहीं, वरन् वह देव संस्कृति जो भौतिकवादी, 'सुख, केवल सुख' की संस्कृति है, उससे आगे का विकसित, सूक्ष्म और उन्नत रूप है। इस माने में कवि ने मध्यकालीन हीनभावना से ग्रस्त देवता-प्रधान समाज को नये और आधुनिक मानवीय आत्म-विश्वास से संपन्न किया है। रचना की यह विराट् दृष्टि संसार के प्रख्यात महाकाव्यों में कहीं नहीं मिलेगी। अद्वैतवाद का चरम रूप आत्माद्वैत है। एक मन के दो हिस्से हो जाते हैं—आत्मा और परमात्मा। एक मन से व्यक्ति आराधक होता है, दूसरे से आराध्य! इन दोनों की फिर एकात्मता चरम अद्वैत की अनुभूति है, जिसे प्रसाद 'कामायनी' में अंकित करते हैं।

और यह विराट् दृष्टि वैसी ही विराट् परिकल्पना में से उपजती है। 'कामायनी' में प्रसाद का चित्रण है कि मानवीय सृष्टि अपने जन्म के पूर्व ही काम के शाप से ग्रस्त हो जाती है। कथानक का यह अंश ईसाई धर्म-गाथा से मिलता-जुलता है जहाँ ईडन के बगीचे में मनुष्य के पतन और ईश्वर के शाप का वर्णन किया गया है। पर भारतीय अभिप्राय के अनुसार शाप दिया गया है तो उससे उबरने का उपाय भी वहाँ बताया गया है। 'कामायनी' के इड़ा सर्ग में काम का मुख्य शाप है कि मनुष्य अब देवताओं की तरह अजर-अमर नहीं रहेगा, मरणशील हो जाएगा—'तुम जरा-मरण में चिर अशांत'। मनु अपनी संकल्प-शक्ति से इस शाप को मनुष्यता के लिए वरदान में बदल लेते हैं। यह मरणशीलता मनुष्य की सृष्टि को देव-सृष्टि की तुलना में अधिक सूक्ष्म और सर्जनात्मक बनाती है। यहाँ शाप का अभिप्राय अपने स्थिर रूप में यदि ईसाई धर्म-गाथा के निकट है तो गतिशीलता में भारतीय प्रणाली का अनुसरण करता है। वह चलता है जैसे देश-काल को फेंटते हुए भविष्य पुराण की प्रकथन-शैली में।

प्रसाद का पक्ष है कि देव-सृष्टि जहाँ भोग-विलास और महज़ भौतिक सुख-साधनों में डूबी हुई थी वहाँ मनुष्य की सृष्टि कुछ नये मान-मूल्यों का आविष्कार करती है, जिनमें सबसे प्रमुख है प्रेम करने की क्षमता। मृत्यु पर विजय पाने के लिए मनुष्य प्रेम की क्षमता विकसित करता है, और उसी से जुड़ी सर्जनात्मक शक्ति। मानवीय सृष्टि के वैशिष्ट्य का यह रूप मुख्यतः काम और लज्जा और अंततः इड़ा सर्ग में चित्रित होता है। देव-सृष्टि में जो काम था वह मानवीय सृष्टि में अनंग होकर—पौराणिक कथा-अभिप्राय का यहाँ नया अनुकूलन प्रसाद ने फिर किया है—सूक्ष्म प्रेम में परिणत हो जाता है। और इसी के समानांतर देवों की तृष्णा को तृप्ति 'दिखाने' वाली रति मानवीय सृष्टि में लज्जा बन जाती है। नये संदर्भ में वह

अपनी भूमिका स्पष्ट करती है—

मैं रति की प्रतिकृति लज्जा हूँ
मैं शालीनता सिखाती हूँ

काम और रति के क्रमशः प्रेम तथा लज्जा भाव में रूपांतरण के माध्यम से मानवीय सृष्टि की व्याख्या प्रसाद की अपनी मौलिक परिकल्पना है, और भारतीय तत्त्व-दृष्टि में एक नया आयाम जोड़ती है वैसे ही जैसे श्रद्धा की मान्यता—'कर्म का भोग, भोग का कर्म / यही जड़ का चेतन आनंद' निष्काम कर्म की स्वीकृत धारणा में भोग के तत्त्व को कर्म से जोड़ कर एक नयी और आधुनिक दृष्टि का उद्घोष करती है। इड़ा सर्ग में देव-सृष्टि का मानवीय सृष्टि को सत्ता-हस्तांतरण पूरा हो जाता है—

ले लिया भार अपने सिर पर मनु ने यह अपना विषम आज
हँस पड़ी उषा प्राची नभ में देखे नर अपना राज-काज

मनुष्य इसी सर्ग में दिए गए अपने मरणशीलता के शाप को अंगीकार करता है, और जैसा संकेत किया गया, अपनी नव-विकसित प्रेम भावना और सर्जनात्मक क्षमता के सहारे उसे अतिक्रमित करना चाहता है। सर्जनात्मकता के स्थूल स्तर पर मनुष्य मृत्यु के बाद अपनी संतान में जीवित बना रहता है सूक्ष्म स्तर पर अपनी कला-रचना में।

अपने विकास-क्रम में मनुष्य की संस्कृति आज जहाँ पहुँची है वहाँ, प्रसाद के अनुसार, उसकी समस्याएँ हैं अतिभौतिकता, अतिबौद्धिकता और अतियांत्रिकता। इड़ा के साथ मिल कर मनु ने 'विज्ञान सहज साधन उपाय' स्वीकार करते हुए सारस्वत प्रदेश की जो उद्योग प्रधान सभ्यता बनाई है वहाँ का जीवन-क्रम इन्हें जंन्म देता है। इन समस्याओं से उत्पन्न संघर्ष को शमित करने के लिए कवि ने समरंसता की भाव-भूमि संकेतित की है। भारतीय और पाश्चात्य विचार-धाराओं की टकराहट और उनके सामंजस्य की प्रणाली प्रसाद ने रचना के कई क्षेत्रों में अपनाई है, जो एक प्रकार से १९वीं शती के पुनर्जागरण की एक मुख्य आधार-भूमि कही जा सकती है। पूर्व और पश्चिम का ऐसा ही द्वंद्वात्मक संबंध कवि ने अपने रचना-दर्शन में विकसित किया है। विकास के लिए द्वंद्व की अनिवार्यता ('यही दुख-सुख विकास का सत्य') उन्होंने पश्चिम से ली है, पर इस द्वंद्व को समरस करने की भावना ('नित्य समरसता का अधिकार / उमड़ता कारण जलधि समान') पूर्व से। द्वंद्व और समरसता के माध्यम से कवि आनंद की भाव-भूमि तक पहुँचना चाहता है जो भारतीय परंपरा में वैदिक और शैव दोनों धाराओं के अंतर्गत जीवन का चरम लक्ष्य स्वीकार किया गया है।

प्रसाद ने अपने वैचारिक साहित्य में भारतीय संस्कृति के अंतर्गत विवेक और आनंद की धाराओं का तुलनात्मक अध्ययन बड़े व्यवस्थित ढंग से प्रस्तुत किया है। 'रहस्यवाद' शीर्षक निबंध में भारतीय आर्यों के चिंतन-प्रवाह का क्रमिक विवेचन करते हुए वे दिखाते हैं कि कैसे ये दोनों धाराएँ साथ-साथ चलती रही हैं, और फिर कैसे उन में आनंद का पक्ष विजयी होता है : 'इन दोनों धाराओं के दो प्रतीक थे। एकेश्वरवाद के वरुण और आत्मवाद के इंद्र प्रतिनिधि माने गये। वरुण न्यायपति राजा और विवेकपक्ष के आदर्श थे। महावीर इंद्र आत्मवाद और आनंद के प्रचारक थे। वरुण को देवताओं के अधिपति-पद से हटना पड़ा, इंद्र के आत्मवाद की प्रेरणा ने आर्यों में आनंद की विचारधारा उत्पन्न की।' अपने अंतिम अधूरे उपन्यास 'इरावती' में भी प्रसाद ने उत्तर बौद्धकालीन जटिल नियमों-विधानों की अपेक्षा में आनंद की उन्मुक्त

विचार-धारा को सामने रक्खा है। उपन्यास के केंद्रीय चरित्र अग्निमित्र को ब्रह्मचारी समझाता है, 'आनंद की यही योजना अपनी विचार-पद्धति में ले आने की आवश्यकता है। भय से फैले हुए विवेक ने हमारी स्वाभाविकता का दमन कर लिया है।' भारतीय संस्कृति के विकास-क्रम में विवेक के अतिरेक का लेखक शमन करना चाहता है आनंद-भाव को संवर्द्धित करके। इस प्रक्रिया के लिए उसके प्रमुख चरित्र हैं 'कामायनी' की श्रद्धा और 'इरावती' का ब्रह्मचारी—अलग-अलग माध्यमों में दोनों प्रसाद की अंतिम रचनाएँ हैं। इस प्रकार अपने ऐतिहासिक तथा आलोचनात्मक निबंधों ('प्राचीन आर्यावर्त्त और उसका प्रथम सम्राट', 'रहस्यवाद'), तथा महाकाव्य और उपन्यास के दो बड़े प्राचीन तथा नवीन काव्य-रूपों में प्रसाद ने आनंद के रूप में जीवन की संपृक्त-समृद्ध और उन्मुक्त परिकल्पना को प्रस्तावित किया है, जो उनके अनुसार प्राचीन आर्य विचार-पद्धति के अनुकूल है, और जो इस समय यूरोप की पाश्चात्य विकसित संस्कृतियों का मूल स्रोत है। यों प्रसाद-साहित्य मानव जीवन की एक विराट् और समग्र परिकल्पना को आधुनिक संदर्भ में बड़े व्यवस्थित ढंग से मूर्त्तमान करता है, जिस जोड़ की एकात्मता किसी बड़े रचनाकार में अन्यत्र ढूँढ़ पाना कठिन है। 'कामायनी' के मनु नये युग के गृहस्थ-संन्यासी 'चिंतानंद' हैं, चिंता से आनंद तक की यात्रा करते हुए और यों दोनों सामान्यत: एक दूसरे के प्रतिकूल भाव-भूमियों को एक साथ जोड़ते हुए। द्वंद्व से समरसता और समरसता से आनंद-प्रक्रिया को मिलाते 'कामायनी' का समापन होता है—

समरस थे जड़ या चेतन
सुंदर साकार बना था;
चेतनता एक विलसती
आनंद अखंड घना था।

अपने कृतित्व में प्रसाद यों जितने पुनर्जागरण-चेतना से प्रेरित हुए उतना ही उन्होंने उसे समृद्ध किया है। अपनी मूल चिंता और परिकल्पना में 'कामायनी' युग-काव्य है।

■

३

निराला : विद्रोह और मुक्त छंद का प्रवाह

प्रसाद और निराला के बीच कुछ वैसा रिश्ता है जैसा इतिहास में परंपरा और विद्रोह के बीच होना चाहिए। निराला अपने लिए प्रसाद से भिन्न मार्ग चुनते हैं, पर यथावश्यक रूप में उन्हें सम्मान देते चलते हैं। १९३६ के अपने एक पत्र में वरिष्ठ कवि प्रसाद को वे लिखते हैं व्यंग के पैनेपन का सही प्रयोग करते हुए, 'पर मैंने सुना है, आप उपनिषदों से नीचे उतरना पसंद नहीं करते। फिर भी मैं प्रयत्न करूँगा, यदि आपको नीचे उतार सकूँ।' यहाँ निराला के प्रयोग में 'उपनिषदों' से अभिप्राय काव्य और दर्शन की उस परंपरा से है जिस के प्रति सीधा विद्रोह निराला को अभीष्ट है। हिंदी कविता की एक सहस्र वर्ष की परंपरा से अलग हट कर वे मुक्त छंद लिखते हैं—जिसके स्वरूप की चर्चा आगे होगी—बह्मन की बनाई शुद्ध घी की कचौड़ी को छोड़ वे तेल की गर्म पकौड़ी में रस लेते हैं, और अभिजात कुल की रूपसी के बजाय उनका ध्यान काली कहारिन पर केंद्रित होता है (संदर्भ-'गर्म पकौड़ी,' 'प्रेम-संगीत' शीर्षक कविताएँ)। यह चतुर्मुखी विद्रोह प्रसाद से निराला का अलग स्वभाव है, व्यक्तित्व और कृतित्व दोनों स्तरों पर। प्रसाद और निराला के तुलनात्मक अध्ययन के प्रसंग में नंददुलारे वाजपेयी का पर्यवेक्षण बहुत ठीक है, 'निराला और प्रसाद की इस तुलना का एक और आशय भी दिखाई देता है। यह न केवल दो कवियों की व्यक्तिगत तुलना है, वरन् एक प्रकार से बीसवीं शताब्दी के संपूर्ण काव्य के शीर्ष अंश का समाकलन है।' ('प्रसाद और निराला' शीर्षक निबंध)।

छंद के संदर्भ में निराला का विद्रोह अधिक स्पष्ट और मुखर दिखता है। छंद-विधान के अनेक पक्षों में निराला की रुचि आरंभ से रही। एक ओर उनकी चिंता थी कि उनके लिखे हुए खड़ी बोली के गीत सामान्य जन और कलावंतों के होंठों पर वैसे ही बस जाएँ जैसे अब तक ब्रजभाषा में रचे गए खयाल के बोल और पदों की स्थिति रही है। दूसरी ओर परंपरित छंद को तोड़ कर उसे नये ढंग से बनाने में उनका विशेष ध्यान रहा। मुक्त छंद को यहाँ उन्होंने जातीय मुक्ति के व्यापक संदर्भ से जोड़ा। तीसरी ओर छंद-विधान के आंतरिक स्वरूप को नये-नये ढंग से व्यवस्थित करने की उनके मन में तीव्र उत्सुकता थी। आधुनिक काल के आरंभ में कवियों ने वाक्य-भंग के जरिये छंद को गति देने की महत्त्वपूर्ण कोशिश की, अर्थात् वाक्य को तोड़कर उसके अलग-अलग टुकड़ों को छंद की अलग-अलग पंक्तियों में बैठाया, और संप्रेषण के हित में यों एक तरह की नयी यति-व्यवस्था तैयार की। अँग्रेजी में इस शैली को Enjambment कहा गया है। समझने के लिए दो-एक उदाहरण लिए जा सकते हैं—पहले में 'अपना ही' तथा दूसरें में 'छल-छल' पर बल द्रष्टव्य है—

वह कल्याण कामना, जो जगजनक सभी की करता है
व्यक्तिमात्र के लिए नहीं है। दुःख देखकर अपना ही

मत समझो सब दुखी जगत को, मत लांछन दो ईश्वर को।

('प्रेम-पथिक'—प्रसाद)

अन्याय जिधर, हैं उधर शक्ति।' कहते छल-छल
हो गये नयन, कुछ बूँद पुनः ढलके दृगजल,

('राम की शक्ति-पूजा'—निराला)

निराला की दिलचस्पी इस नये ढंग के विधान में देखी जा सकती है। प्रसाद-काव्य का एक आरंभिक विवेचन करते समय उन्होंने इस ओर ध्यान दिया। १९२७ के एक पत्र में प्रसाद को उन्होंने लिखा 'लिफाफे में पत्र लिखें और अपनी उन पंक्तियों को जो पुरानी हैं छपने के सन्-संवत् तारीख के साथ भेजें जिनके मध्य भाग में पूर्ण विराम आया है—आप को याद होगा, मैंने उनको पसंद किया था—वे मेरे काम की हैं...।' यह जानना रोचक होगा कि कवि निराला के साथ-साथ आलोचक रामचंद्र शुक्ल भी इस नये ढंग के यति-विधान, और परिणाम-स्वरूप उत्पन्न छंद में उसके प्रवाह को लक्षित कर रहे हैं। 'हिंदी साहित्य का इतिहास' में 'नई धारा' के अंतर्गत जयशंकर प्रसाद का काव्य-विवेचन आरंभ करते हुए 'खड़ी बोली के अतुकांत (तथा चरण के बीच में पूर्ण विरामवाले) पद्यों' का उल्लेख उन्होंने प्रसाद तथा 'पीछे' श्रीधर पाठक के प्रसंग में किया है। निराला ने छंद-विधान और उसमें यति तथा संगीत की व्यवस्था पर विस्तार में सुचिंतित ढंग से अपनी भूमिकाओं और स्वतंत्र निबंधों में विचार किया। स्पष्ट ही उनकी दिलचस्पी इस प्रसंग में बौद्धिक से अधिक रचनात्मक प्रयोजनों के लिए है। निराला के कवि-व्यक्तित्व के विकास में मुक्त छंद की विशिष्ट स्थिति का कारण यह भी है कि वे अपने काव्य जीवन का आरंभ 'जुही की कली' से मानते हैं जो समूचे हिंदी क्षेत्र में पहली बार मुक्त छंद में लिखी रचना है, जिस का रचना-काल, उनके अनुसार, १९१६ है। रामविलास शर्मा ने 'निराला की साहित्य-साधना' के तीसरे खंड की भूमिका में इस कविता के लेखन-काल पर विस्तार से विचार किया है, और १९१६ ईसवी की तिथि को वे इस प्रसंग में स्वीकार नहीं करते। बहरहाल, इतना अब मान्य है कि अतुकांत कविता भले किसी और ने पहले लिखी हो, अतुकांत मुक्त छंद की कविता हिंदी में निराला की पहली है 'जुही की कली'। इसके पहले जो भी कुछ लिखा हो उसे उन्होंने उल्लेखनीय प्रकाशन से बचाया।

निराला का काव्य-वैविध्य आधुनिक काल में अतुलनीय है, कुछ वैसे ही जैसे व्यापकतर स्तर पर उनके चरितनायक तुलसीदास का मध्यकाल में था। वे मुक्त छंद के प्रणेता हैं, पर 'तुलसीदास' में जैसे कठिन छंद और तुक-विधान को उन्होंने साधा है वह अन्यत्र दुर्लभ है। अपने काव्य-विकास के अलग-अलग चरणों में उन्होंने अलग-अलग तरह के शब्द-समूह का उपयोग किया। 'अनामिका', 'परिमल' और 'गीतिका' से लेकर प्रबंध काव्य 'तुलसीदास' तक तत्सम-प्रियता का दौर है। फिर आता है तद्भव का ज़माना 'कुकुरमुत्ता', 'अणिमा', 'बेला' और 'नये पत्ते' में। अंत में आते हैं 'अर्चना', 'आराधना' और 'गीत गुंज' के गीत जहाँ आग्रह किसी ओर नहीं, एक सहज देसीपन का आत्मविश्वास है। तत्सम-तद्भव-देसी जैसे उनके व्यक्तित्व की विकास-यात्रा है। 'राम की शक्ति पूजा' में आभिजात्य का वैभव है—शब्द-समूह, छंद-विधान और कथावस्तु के आभिजात्य का, तो दूसरे सिरे पर है 'कुकुरमुत्ता' बिना किसी की चिंता किए हुए आप से आप उपजा। 'शक्ति पूजा' की सामान्य भाषा है—'ज्योतिः-प्रपात स्वर्गीय, ज्ञात छवि प्रथम स्वीय—' जब कि कुकुरमुत्ता' की भंगिमा

हैं—'अबे, सुन बे, गुलाब'। निराला के विकास-क्रम को समझे बिना सहसा यह विश्वास करना कठिन हो जाता है कि दोनों कविताएँ एक ही कवि की लिखी हुई हैं। काव्य-रूप की दृष्टि से निराला के यहाँ प्रबंध है, हालांकि महाकाव्य नहीं जो आधुनिक संदर्भों में बहुत-कुछ एक बेडौल माध्यम हो गया है। फिर लंबी कविताएँ हैं जो वस्तुत: आधुनिक युग में प्रबंधकी प्रतिरूप हैं। और तरह-तरह के गीत हैं, तत्सम, तद्भव, देसी सभी ठाठ के।

निराला की एक बड़ी विशेषता यह है कि न केवल उन्होंने परंपरा से विद्रोह किया, वरन् स्वयं अपनी उपलब्धियों से भी जिन से कालांतर में परंपरा बननी थी। उनके काव्य-विकास के तीन चरण—तत्सम, तद्भव, देसी-कवि की बहुत कुछ इसी मनोवृत्ति को प्रतिफलित करते हैं। यह सतत विद्रोह-भाव एक बड़ा कारण है निराला के यहाँ काव्य-वैविध्य का। 'जुही की कली' से लेकर 'पत्रोत्कंठित जीवन का विष बुझा हुआ है' तक एक लंबी काव्य-यात्रा है जिस में कवि रास्ते के साथ-साथ बराबर अपनी भी पहिचान करता चलता है। निराला के ये सभी रूप अपने-अपने ढंग से आकर्षक हैं, यद्यपि उनमें से कई एक-दूसरे के प्रतिरोधी दिखाई देते हैं। ये काव्य-स्तर परस्पर क्रिया-प्रतिक्रिया में निराला के कवि-व्यक्तित्व को और जीवंत तथा गतिशील बनाए रखते हैं। हिंदी कविता के इतिहास में वैविध्य की यह काव्य-प्रक्रिया अपने आप में अतुलनीय है।

निराला ने मुक्त छंद रचना कर्म में किसी सुविधा के लिए नहीं रचा, वरन् उसे अपने काव्य-प्रवाह में गति लाने के लिए एक आवश्यक अवरोध के तौर पर देखा। कठिन छंद तो जैसा निराला ने 'तुलसीदास' में लिखा है वैसा शायद ही हिंदी के किसी कवि ने अपने लिए चुना हो। छ: पंक्तियों का छंद, जिस में पहली, दूसरी और तीसरी की तीन-चौथाई में तुक-विधान, और इसी तरह चौथी, पाँचवीं और छठी की तीन-चौथाई में तुक। फिर तीसरी और छठी पंक्ति का अंत्यानुप्रास अलग से। एक उदाहरण द्रष्टव्य है—

कुछ समय अनंतर, स्थित रह कर,
स्वर्गीयाभा वह स्वरित प्रखर
स्वर में झर-झर जीवन भर कर ज्यों बोली;
अचपल ध्वनि की चमकी चपला,
बल की महिमा बोली अबला,
जागी जल पर कमला, अमला मति डोली—

रीतिकाल के दौरान गाँव-गाँव में फैले हिंदी के जातीय छंद कवित्त को तोड़ कर निराला ने उसकी लय का फिर से संधान किया, और उसके विस्तार को अपनी आवश्यकता के अनुरूप पुनर्व्यवस्थित किया। इसके लिए छंद, लय और संगीत का उन्होंने पूरा अध्ययन किया जैसा कि उनकी भूमिकाओं और लंबी लेख-माला 'पंत और पल्लव' से प्रकट होता है। मुक्त छंद का प्रयोग उन्होंने मूलत: प्रवाह के लिए किया, इसका उल्लेख उन्होंने कई रूपों में किया है। यह प्रवाह तीव्रतर होता है अवरोध से न कि अवरोध को हटाने से। इस रूप में मुक्त छंद का प्रयोग उन्होंने एक स्वत: निर्मित अवरोध के तौर पर किया। 'परिमल' की भूमिका में उन्होंने लिखा, 'मुक्त छंद तो वह है, जो छंद की भूमि में रहकर भी मुक्त है। इस पुस्तक के तीसरे खंड में जितनी कविताएँ हैं, सब इस प्रकार की हैं। उन में नियम कोई नहीं। केवल

प्रवाह कवित्त-छंद का-सा जान पड़ता है। कहीं-कहीं अक्षर आप-ही-आप आ जाते हैं। मुक्त छंद का समर्थक उसका प्रवाह ही है। वही उसे छंद सिद्ध करता है, और उसका नियम-राहित्य उसकी मुक्ति।' यहाँ विवेचन के अंत तक पहुँचते-पहुँचते कवि ने मुक्त छंद की व्याख्या उसके द्वारा संभव प्रवाह के आधार पर ही की है। रामचंद्र शुक्ल ने अपने इतिहास में निराला-काव्य का विवेचन करते हुए उनकी पंक्तियों के आधार पर उनके मुक्त-छंद प्रयोग का उल्लेख इस प्रकार किया है—'सब से अधिक विशेषता आपके पद्यों में चरणों की स्वच्छंद विषमता है। कोई चरण बहुत लंबा, कोई बहुत छोटा, कोई मझोला देख कर ही बहुत से लोग 'रबर छंद' 'केंचुआ छंद' आदि कहने लगे थे। बेमेल चरणों की विलक्षण आजमाइश उन्होंने सबसे अधिक की है। 'प्रगल्भ प्रेम' नाम की कविता में अपनी प्रेयसी कल्पना या कविता का आह्वान करते हुए इन्होंने कहा है—

आज नहीं है मुझे और कुछ चाह,
अर्द्ध विकच इस हृदय-कमल में आ तू,
प्रिये। छोड़ कर बंधनमय छंदों की छोटी राह।
गज-गामिनि वह पथ तेरा संकीर्ण,
कंटकाकीर्ण।'

आचार्य शुक्ल ने जिसे 'बेमेल चरणों की विलक्षण आजमाइश' कहा वही वस्तुतः मुक्त छंद के प्रयोग में अंतर्निहित रचनात्मक स्तर पर बनाया हुआ अवरोध है जिससे कवि को टकराना है, आजमाइश करनी है, और प्रवाह को अधिक गतिशील बनाना है। अपने इस रचना-दर्शन को कवि ने 'तुलसीदास' के कई छंदों (५१-५७) में बड़ी युक्ति के साथ प्रतिपादित किया है, जहाँ केंद्रीय पंक्ति है स्वयं तुलसी के स्वगत-कथन रूप में 'बंध के बिना, कह, कहाँ प्रगति?' इस विलक्षण आजमाइश और प्रयोग में निराला पूरी तरह सफल हुए, स्वयं उनका अपना, और परवर्त्ती हिंदी काव्य जिसका प्रमाण है। पर इस संदर्भ में फिर से याद दिलाना होगा कि निराला का छंदबद्ध काव्य उनके मुक्त छंद काव्य से कहीं हल्का नहीं पड़ता। निराला-काव्य के पूरे विश्लेषण के बाद समीक्षकों का झुकाव दूसरे पक्ष की ओर शायद अधिक होगा। 'राम की शक्ति-पूजा', 'सरोज-स्मृति', 'तुलसीदास', जैसी क्लासिकी पद्धति की रचनाएँ, जो निश्चय ही निराला की उपलब्धियों के शिखर हैं, बड़े व्यवस्थित छंद-विधान में लिखी गई हैं; फिर एक बड़ी संख्या छंद-बद्ध गीतों की है। मुक्त छंद का प्रयोग नये विषयों के लिए अपेक्षाकृत अधिक हुआ है। और यह मुक्त छंद की आजमाइश घूम कर उनके छंद विधान में और पूर्णता लाती है। अवरोध और प्रवाह के ढंग को निराला ने यहाँ बड़ी कुशलता से साधा है। इसी माने में निराला का विद्रोही कवि रूप पूरा सार्थक दिखाई देता है।

निराला काव्य के वैविध्य की ओर पहले संकेत किया जा चुका है। यह एक विलक्षण बात है कि उसमें क्लासिकी, रोमांटिक तथा आधुनिक तत्त्व एक साथ दिखाई देते हैं। निराला में प्रसाद-निराला-अज्ञेय तीनों घुले-मिले हैं। मुक्त छंद और छंद-बद्ध, 'राम की शक्ति-पूजा' और 'कुकुरमुत्ता', तत्सम-तद्भव-देसी, प्रबंध-गीत-मुक्तक—विधान-काव्यभाषा और बंध के इन विविध स्तरों पर निराला समान क्षमता के साथ सक्रिय हैं। इतने स्तरों पर ऐसा वैविध्य अन्यत्र दुर्लभ है। इस वैविध्य को साधने के कारण ही निराला बिना महाकाव्य लिखे हुए महाकवि हैं, जिस रूप में एक परवर्त्ती महत्त्वपूर्ण कवि ने अपने पहले संग्रह में उनका स्तवन किया—

भूल कर जब राह—जब जब राह...भटका मैं
तुम्हीं झलके, हे महाकवि,
सघन तम की आँख बन मेरे लिए

('निराला के प्रति' : शमशेरबहादुर सिंह)

एक ओर निराला में 'जिधर देखिये, श्याम विराजे' की संपूर्ण निष्ठा है, दूसरी ओर आर्थिक-सामाजिक क्रांति लाने की बेचैनी 'जल्द-जल्द पैर बढ़ाओ, आओ, आओ!', 'शक्ति-पूजा' में 'सीता के राममय नयन' का जैसा कोमल स्मरण है वैसी ही आत्मीयता के साथ 'वे किसान की नई बहू की आँखें' भी अंकित हुई हैं। 'नयन' और 'आँखें' में तत्सम-तद्भव शब्द ही नहीं रूप की भी झलक मिलती है। फिर 'हमें जाना है जग के पार' का उद्घोष है तो 'राजे ने अपनी रखवाली की' जैसी कूटनीति की मीमांसा है। यहाँ 'राजा' का विकृत रूप 'राजे' व्याकरणिक दृष्टि से कुछ बहुत जरूरी न था, 'राजा' शब्द का प्रयोग भी उपयुक्त था, पर 'राजे' में एक तरह के तिरस्कार और व्यंग की झलक है जो 'राजा' में नहीं, और जिसे उभारना निराला को अभीष्ट है।

वैविध्य को समरस करने वाली भारतीय मनीषा का यों बड़ा सशक्त और ठेठ उदाहरण निराला का काव्य प्रस्तुत करता है। छायावाद के समूचे परिदृश्य पर सबसे बड़े विद्रोही के रूप में निराला की सही ख्याति है। दूसरी ओर अपने समकालीनों द्वारा तिरस्कृत ब्रजभाषा और रीतिकाल की परंपरा के साथ उनका लगाव सबसे गहरा है। छायावाद के उदय के साथ रीतिकाल की भूमिका क्या रही है, यह अध्ययन अपने में बड़ा रोचक और रचनात्मक क्रम-विकास को समझने में अत्यंत सहायक है। यह ठीक है कि आधुनिक काल के आरंभिक विकास में महावीरप्रसाद द्विवेदी तथा उनके सहयोगी लेखकों ने रीतिकालीन प्रवृत्तियों का जम कर विरोध किया। रामविलास शर्मा ने अपनी पुस्तक 'महावीरप्रसाद द्विवेदी और हिंदी नवजागरण' में 'रीतिवाद-विरोधी अभियान' के अंतर्गत इस स्थिति का अच्छा विश्लेषण किया है। अपने काव्य-संकलन 'पल्लव' की भूमिका में छायावाद का बचाव करते हुए सुमित्रानंदन पंत ने भी रीतिकालीन कवियों पर तीखे व्यंग किये हैं। पर स्वयं छायावादी कवियों ने अपने ढंग से रीतिकालीन प्रवृत्तियों को मान्यता भी दी, वैसे ही जैसे पितामह की प्रवृत्तियाँ कई बार पुत्र में नहीं, पौत्र में झलक मारती हैं। पंत ने यदि रीतिकाल का विरोध सबसे अधिक किया तो रीतिकाल का रचनात्मक उपयोग सबसे अधिक किया निराला ने। दोनों के आरंभिक कवि-जीवन का एक पद्यबद्ध पत्र-व्यवहार दोनों कवियों के जीवन-प्रसंग में उद्धृत मिलता है। १९३१ ई० के इस पत्र व्यवहार में तत्कालीन काव्य-धारा का नेतृत्व करने को उत्सुक युवा कवियों का परस्पर प्रेम और राग-द्वेष एक साथ प्रकट होता है। ऐसी स्थिति में दोनों कवियों ने व्यंग की शैली अपनाई है, और इसके लिए पंत ने काव्यभाषा चुनी ब्रज 'क्षमहु बंधु! अपराध! रूसन की बहु बान तुम्हें, पै / हमें मनावन साध', जब कि निराला ने उत्तर दिया बँगला में 'बंधु हे / भालो बासी, भालो बासियाछो / नूतन किछुइ करो नाई / अभी मने मने जपियाछी / द्वारे तुमी आसियाछो ताई।' अपनी रचना प्रक्रिया में पंत यदि ब्रजभाषा के माध्यम से परंपरा के प्रति अगंभीर भाव प्रकट कर रहे हैं तो निराला बँगला के माध्यम से बाह्य अभिजात प्रभाव के प्रति! उल्लेखनीय यह है कि निराला ब्रज और बँगला दोनों का रचनात्मक उपयोग करने में सफल हो सके, पर व्यंग का लक्ष्य उन्होंने परंपरा को नहीं प्रभाव को बनाया।

निराला का ब्रजभाषा, कवित्त छंद और रीतिकाल के प्रति झुकाव कई रूपों में देखने को मिलता है। 'पल्लव' की भूमिका में ब्रजभाषा और रीतिकाल पर पंत के आक्रमण का जवाब निराला देते हैं 'पंत और पल्लव' में, और उससे अधिक स्वयं अपनी काव्य-प्रक्रिया द्वारा। 'पंत और पल्लव' के कुछ वक्तव्य इस प्रसंग में ध्यान देने योग्य हैं—

'कवित्त छंद हिंदी का चूँकि जातीय छंद है, इसलिए जातीय मुक्त छंद की सृष्टि भी कवित्त छंद की गति के अनुकूल हुई है।'

'पश्चिमी भाषाओं में फ्रेंच की विजय और स्पर्द्धा इसीलिए है। संस्कृत में भी इसके चढ़ाव से श्री भरी हुई है। उधर ब्रजभाषा ने अपनी क्रियाओं के रूपों में भी यथेष्ट श्रुति-कोमलता ला दिखलाई है।'

'बात यह कि आज किसी प्रांतीय भाषा के साथ अपने हृदय को पूर्णता और उज्ज्वल उत्कर्ष पर विश्वास रखकर वार्तालाप करने की शक्ति हिंदी के प्रचलित दो रूपों में, यदि किसी में है, तो ब्रजभाषा में।'

निराला-काव्य के संदर्भ में यह संयोग से कुछ अधिक है कि हिंदी में मुक्त छंद की पहली कविता 'जुही की कली' अपनी समूची शृंगार परिकल्पना में रीतिकालीन चित्रण से जुड़ी हुई है। इसी ब्रजभाषा परंपरा में निराला ने होली लिखी—

नयनों के डोरे लाल गुलाल-भरे, खेली होली।
जागी रात सेज प्रिय पति-सँग रति सनेह-रँग घोली,
दीपित दीप-प्रकाश, कंज छवि मंजु-मंजु हँस बोली—
मली मुख चुंबन-रोली।

रीतिकालीन शृंगार का यह नया ठाठ छायावाद के कवि ने बाँधा है। इसके लिए जैसा रचनात्मक आत्मविश्वास चाहिए वह निराला में था।

फिर निराला के भक्ति और विनय के गीत हैं जो उनके रचना-काल के एकदम आरंभ से एकदम अंत तक चलते रहते हैं। आरंभिक दौर की कुछ रचनाएँ हैं—'दे, मैं करूँ वरण / जननि, दुखहरण पद-राग-रंजित मरण', 'अनगिनित आ गये शरण में जन, जननि', 'पावन करो नयन!', 'वर दे, वीणावादिनी वर दे।', 'भारति, जय विजय करे!' 'प्रात तव द्वार पर / आया, जननि, नैश अंध पथ पार कर'; इन गीतों के अतिरिक्त 'राम की शक्ति-पूजा' में कई स्थलों पर अत्यंत मार्मिक दुर्गा-स्तवन है। द्वितीय चरण में विनय-गीत कम हैं—'दलित जन पर करो करुणा' इस कोटि में आता है। तृतीय चरण का श्रेष्ठतम कृतित्व भक्ति और प्रणति के गीतों में द्रष्टव्य है। इन गीतों की संख्या भी इस अवधि में सबसे अधिक है। कुछ का उल्लेख यहाँ किया जा रहा है—'वरद हुई शारदा जी हमारी', 'जिधर देखिये, श्याम विराजे', 'नील जलधि जल / नील कराभय', 'भग्न तन, रुग्ण मन / जीवन विषण्ण वन', 'मरा हूँ हजार मरण / पाई तव चरण-शरण', 'हे जननि, तुम तपश्चरिता', 'माँ अपने आलोक निखारो', 'दुरित दूर करो नाथ / अशरण हूँ, गहो हाथ', 'भजन कर हरि के चरण, मन', 'अशरण-शरण राम / काम के छवि-धाम'। भक्ति और विनय के ये गीत माँ शारदा, दुर्गा, लक्ष्मी, शंकर, कृष्ण और राम को संबोधित हैं। यदि इनको एकत्र व्यवस्थित कर दिया जाए तो निराला की एक संपूर्ण विनयपत्रिका बन जाएगी। यहाँ वे हिंदी के संतों और भक्तों की नामावली को समृद्ध करते दिखते हैं। इस प्रसंग में स्मरणीय है कि उपर्युक्त दोनों प्रसंगों में उद्धृत रचनाएँ रामविलास

शर्मा द्वारा संपादित संग्रह 'राग-विराग' से ली गई हैं। निराला के इस आस्तिक हिंदू मनस् की उपेक्षा करके उनके कृतित्व को नहीं समझा जा सकता। प्रख्यात जीवनीकार और आलोचक रामविलास शर्मा के दृष्टिकोण में यह कमी उन्हें निराला के आस-पास रखती है, उन तक पहुँचने नहीं देती। निराला ने स्वयं जैसे प्रमुख रामभक्त कवि तुलसी की रचना-प्रक्रिया में प्रेम और भक्ति की संपृक्त भूमिका का विश्लेषण किया है अपने 'तुलसीदास' काव्य में, कुछ वैसा ही सूत्र हो सकता है निराला को समझने का उनकी आलोचना में। 'जागो फिर एक बार' (२) तथा 'छत्रपति शिवाजी का पत्र' जैसी लंबी कविताओं का वीर और पौरुष-भाव रीति-काल और भक्ति-काल के पहले की वीर-काव्य-परंपरा से जुड़ता है। 'पंत और पल्लव' में निराला ने लिखा था, 'हिंदी को मधुरता के साथ एक विशेष ओज की भी जरूरत है।' कहना न होगा स्वयं निराला-काव्य इन दोनों गुणों से भरपूर है। ओज तो जैसे उसका संवादी स्वर है। यों समूची हिंदी काव्य परंपरा निराला के कृतित्व में जाग्रत हो उठी है उनके व्यक्तित्व से प्रदीप्त हो कर। जहाँ प्रयोग सब से अधिक निर्भीक है, परंपरा के प्रति वहाँ सबसे गहरी निष्ठा भी है। इस समूची प्रक्रिया का एक नाम है निराला।

प्रसाद की 'कामायनी (१९३६ में प्रकाशनाधीन) अपने वर्णनों से नहीं, वृत्ति से महाकाव्य है। निराला ने प्रबंध के क्रम में 'राम की शक्ति-पूजा' (१९३६) उसी समय लिखी, जो महाकाव्योचित औदात्य से संपन्न लंबी कविता है। यह आधुनिक काल में महाकाव्य का उत्तरोत्तर सूक्ष्म होता विधान है। पुराण-कथा, प्रतीकात्मकता और आधुनिक संवेदना के कई स्तरों पर कविता एक साथ प्रवाहित होती है। छायावाद को शक्ति-काव्य कहने में 'कामायनी' के साथ 'राम की शक्तिपूजा' मिलकर मुख्य आधार बनती है।

सर्गबद्ध प्रबंध 'कामायनी' में भाषा की कुछ भूलें मिल जाती हैं, शैलीगत शिथिलताएँ भी। पूरी रचना इन खामियों का अतिक्रमण कर जाती है, वह अलग बात है। 'राम की शक्तिपूजा' का विधान इस तुलना में एकदम निर्दोष है। एक-एक शब्द सुचिंतित जैसे जड़ा हुआ है। फिर स्थान-स्थान पर नाटकीय मोड़ कविता के विन्यास में एकरसता नहीं आने देते। महाकाव्य की उदात्तता और नाटक की गति ये दोनों मिल कर इस लंबी कविता को एक अपूर्व रूप प्रदान करते हैं।

'राम की शक्तिपूजा' का मुख्य कथानक कृत्तिवास की बँगला रामायण से लिया गया है, इस कहने का कुछ अर्थ नहीं, या कि उतना ही अर्थ है, जितना यह कहने का कि तुलसी ने अपने 'रामचरितमानस' के विविध अंश अपने से पहले प्रचलित रामायणों तथा अन्य ग्रंथों से लिए हैं। मौलिकता कथानक में नहीं है, उस कथानक से सिरजा क्या गया है, उसमें है। इस दृष्टि से 'शक्तिपूजा' में शक्ति-संधान की रचनात्मक व्याख्या है और इसका मूल सूत्र उस परामर्श में है, जो जाम्बवान पराजय की मन:स्थिति में डूबे राम को देते हैं—'शक्ति की करो मौलिक कल्पना'। अर्थात् शक्ति का संधान मौलिक रूप में ही संभव है, अनुकरणात्मक रूप में नहीं। 'कामायनी' के मनु और 'शक्तिपूजा' के राम की हताश मन:स्थिति एक जैसी है, जो इन रचनाकारों की समकालीन राष्ट्रीय पराधीन दशा से तुलनीय है। यह मनु और राम की उक्तियों में बार-बार उभरती है—

किंतु जीवन कितना निरुपाय। लिया है देख नहीं संदेह
निराशा है जिसका परिणाम सफलता का वह कल्पित गेह।'

(कामायनी)

बोले रघुमणि—'मित्रवर, विजय होगी न समर

(शक्तिपूजा)

तब दोनों स्थितियों में समाधान की दिशा एक जैसी है। श्रद्धा मनु को समझाती है—'शक्तिशाली हो, विजयी बनो' और जाम्बवान का परामर्श है, 'शक्ति की करो मौलिक कल्पना'। समकालीन परिदृश्य पर 'स्वदेशी-आंदोलन' जैसे इस मौलिकता के विकास का व्यावहारिक उपक्रम हो। अतीत, वर्तमान और भविष्य यहाँ अनुभव-प्रक्रिया में एक साथ मिल गए हैं, द्विवेदी-युग के इतिवृत्त-प्रधान कवि मैथिलीशरण गुप्त को जिसके लिए अपने राष्ट्रीय काव्य 'भारत भारती' में तीन अलग-अलग खंडों की नियोजना करनी पड़ी थी। रचना-विधान काल-प्रवाह को कैसे साधता और सँभालता है, इसका अंतर इन दो पीढ़ी के कवियों में यहाँ अच्छी तरह देखा जा सकता है।

'राम की शक्तिपूजा' हर दृष्टि से निराला की शीर्ष रचना कही जाएगी। परिकल्पना की विराटता और चित्रण की सूक्ष्मता का संयोजन 'कामायनी' की ही तरह 'राम की शक्तिपूजा' के विधान की विशेषता है। राम का अंकन युगीन संवेदना के अनुकूल यहाँ पूरी तरह मानवीय धरातल पर हुआ है। सामान्य मनुष्य की तरह वे भी विषम परिस्थिति में दुखी और निराश होते हैं और उनकी आँखों से आँसू गिर पड़ते हैं। रावण ने अपनी कठोर आराधना से शिव की शक्ति को अपने पक्ष में कर लिया है, जिसके समक्ष राम का सारा पुरुषार्थ और रण-कौशल व्यर्थ हो जाता है। तब वे एक सामान्य संवदेनशील व्यक्ति की तरह सोचते हैं, 'अन्याय जिधर, हैं उधर शक्ति!' कहते छल-छल / हो गये नयन, कुछ बूँद पुनः ढलके दृगजल'। इस कठिन परिस्थिति का जब राम को पहली बार एहसास होता है, तब उतनी ही मार्मिक और कोमल स्मृति उनके मन में कौंधती है। प्रसंग है, राम और सीता का प्रथम मिलन जनक के उपवन में—

ऐसे क्षण अंधकार घन में जैसे विद्युत
जागी पृथ्वी-तनया-कुमारिका-छवि, अच्युत

जीवन के चरम अंधकार के क्षण में सर्वाधिक आलोक के समय को स्मरण करना मनोवैज्ञानिक दृष्टि से जितना उपयुक्त है, काव्य में रचना-प्रक्रिया की दृष्टि से उतना ही कठिन। ऐसे ही दृश्य की पुनरावृत्ति तब होती है, जब राम आराधना करते समय दुर्गा के चरणों में अंतिम कमल चढ़ाने को उद्यत होते हैं और वह उन्हें नहीं मिलता। यहाँ दूसरे बड़े प्रयत्न की असफलता उनके सामने आती है और वे सोचते हैं, "धिक् जीवन जो पाता ही आया है विरोध/ धिक्-साधन जिसके लिए सदा ही किया शोध।" हताशा की मनःस्थिति में इस बार उन्हें अपनी माँ का स्मरण हो आता है, "यह है उपाय" कह उठे राम ज्यों मंद्रित घन/ "कहती थी माता मुझे सदा राजीव नयन!" पहले दृश्य में जहाँ प्रिया के दर्शन का उल्लास है, वहाँ इस दूसरे प्रसंग में माँ के संरक्षण-भाव का आश्वासन है। वर्त्तमान की नितांत कठोरता के संदर्भ में दोनों स्मरण अत्यंत कोमल और करुण हैं। यह 'विरुद्धों का सामंजस्य' निराला-काव्य की अंतर्वर्ती वस्तु है।

पहले स्मरणालोक का वर्त्तमान से कैसा वैषम्य है, यह ध्यान देने योग्य है। वर्त्तमान स्थिति का चित्रण इस प्रकार है—

है अमा-निशा; उगलता गगन घन अंधकार;
खो रहा दिशा का ज्ञान; स्तब्ध है पवन-चार;

और ऐसे अँधेरे संदर्भ में राम को जानकी की कुमारी छवि का स्मरण हो आता है, जिसका चित्रण कवि ने एकदम भिन्न शब्दावली और ध्वन्यात्मक वातावरण के अंतर्गत किया है—

काँपते हुए किसलय,—झरते पराग-समुदय,
गाते खग नव-जीवन-परिचय,—तरु मलय-वलय,—
ज्योतिः—प्रपात स्वर्गीय, ज्ञात छवि प्रथम स्वीय,—
जानकी-नयन-कमनीय प्रथम कंपन तुरीय।

जानकी के इस सौंदर्य के लिए 'ज्योतिः-प्रपात' बिंब मानो समस्त प्रणयालोक को एक साथ मूर्त्तमान कर देता है। पर कुछ क्षण बाद राम की यह तंद्रा भंग हो जाती है और वे वर्त्तमान के कठोर यथार्थ से टकराते हैं। इस मनःस्थिति में कवि ने एक बड़ा ही सुकुमार चित्र उकेरा है। अपने को फिर शक्ति के अन्याय के समक्ष पाकर राम वंदिनी सीता के नेत्रों के बारे में सोचन लगते हैं—

लख शंकाकुल हो गये अतुल-बल शेष शयन,
खिंच गये दृगों में सीता के राममय नयन;

राम सीता के उन नेत्रों को देख रहे हैं, जिनमें राम की ही छवि अंकित है। आमने-सामने समानांतर दर्पणों की तरह अनंत छवियाँ और प्रतिछवियाँ उभरती चली जाती हैं, सौंदर्य और करुणा को एक दूसरे में लपेटते हुए।

निराला का संपूर्ण काव्य-व्यक्तित्व 'विरुद्धों का सामंजस्य' की उस अवधारणा में से जैसे विकसित हुआ है, जिसे कवि के समकालीन और प्रसिद्ध समीक्षक रामचंद्र शुक्ल ने आनंद की साधनावस्था की उच्चतम रचना-भूमि का कारक तत्त्व स्वीकार किया है। जैसा पहले विवेचित किया जा चुका है, निराला हिंदी में मुक्त छंद के प्रवर्त्तक हैं ('जुही की कली'), और फिर सबसे कठिन छंद तथा तुक-विधान का पालन करते हैं ('तुलसीदास'), एक ओर 'राम की शक्तिपूजा' तथा उनके अनेक गीतों में तत्सम शब्दावली का आग्रह है, तो दूसरी ओर 'कुकुरमुत्ता' में 'अबे सुन बे, गुलाब' की ठेठ देसी भंगिमा है, शृंगार गीतों में प्रणय की उद्दाम स्थितियों का उन्मुक्त अंकन है—जैसा प्रसाद के 'आँसू' और 'लहर' गीतों में भी नहीं मिलेगा—तो फिर 'तुम से लाग लगी जो मन की / जग की हुई वासना बासी' का मार्मिक उद्‌घोष है। स्मरणीय है कि छायावाद के किसी कवि ने भक्ति-गीतों की ऐसी शृंखला नहीं लिखी जैसी निराला ने आदि से अंत तक लिखी है। अपने जीवन और रचना-क्रम में मूलतः विद्रोही होने के बावजूद उनके प्रिय कवि हैं कठोर मर्यादावादी कवि तुलसीदास। निराला की तुलना ऊपरी तौर पर अमरीकी कवि वाल्ट ह्विटमैन से की जाती है, क्योंकि दोनों ने अपने-अपने साहित्य में मुक्त छंद का आरंभ किया, ह्विटमैन ने पहले, निराला ने बाद में। पर निराला के व्यक्तित्व में इन कई तरह के विरोधों का गहराई में सह-अस्तित्व देख कर ह्विटमैन की पंक्तियाँ यहाँ अधिक सार्थक भाव से स्मरण हो आती हैं—

क्या कहा मैं अपना खंडन करता हूँ?
ठीक है तो, मैं अपना खंडन करता हूँ;
मैं विराट् हूँ—मैं समूहों को समोये हूँ।

निराला ने कहीं ऐसा घोषित तो नहीं किया, पर उनका काव्य स्वयं इसका अनेकस्तरीय प्रमाण है। रामचंद्र शुक्ल ने 'विरुद्धों का सामंजस्य' का जो सिद्धांत आलोचना में प्रतिपादित किया,

निराला उसका रचनात्मक साक्ष्य प्रस्तुत करते हैं।

'सरोज-स्मृति' कई अर्थों में 'राम की शक्तिपूजा' की पूरक कृति है। दोनों की रचना प्राय: साथ-साथ हुई है : १९३५ और १९३६ में। 'शक्ति-पूजा' का संघर्ष व्यापक धरातल पर है 'सरोज-स्मृति' का संघर्ष घोषित रूप में वैयक्तिक स्तर पर। वह कवि की इकलौती बेटी की असामयिक मृत्यु पर लिखा गया शोक-काव्य है, हिंदी में तो अपने ढंग का अकेला ही। मझोले आकार की इस कविता में रचनाकार ने शोक-निमग्न पिता की विविध मन:-स्थितियों को अंकित किया है। नीति, शृंगार और अंत के विराग-भाव के बीच-बीच में करुणा की अंतर्वर्त्ती धारा बराबर प्रवाहित होती रही है। मनुष्य जीवन के संपूर्ण भर्तृहरि क्रम को जैसे सांकेतिक रूप में व्यक्त कर दिया गया हो।

कविता में मन:स्थितियों का वैविध्य अनिवार्य रूप से ध्वन्यात्मक और बिंबपरक वैविध्य से जुड़ा हुआ है। मूलतः करुण भाव-धारा से युक्त शोककाव्य में शिव की बारात जैसे अटपटे और हास्यमूलक प्रसंगों को निक्षिप्त करना काव्य-प्रक्रिया के कठिनतम चरणों में से है। सरोज के विवाह के लिए उपयुक्त वर की तलाश चल रही है, इसी क्रम में एक पात्र का वर्णन है—

वे जो यमुना के से कछार
पद फटे बिवाई के, उधार
खाये के मुख ज्यों, पिये तेल
चमरौधे जूते से सकेल
निकले, जी लेते, घोर-गंध
उन चरणों को मैं यथा अंध,
कल घ्राण-प्राण से रहित व्यक्ति
हो पूजूँ ऐसी नहीं शक्ति।

वाक्य-भंग (एनजैम्बमैंट) के द्वारा ('उधार / खाये के मुख ज्यों') एक-एक वर्णन को और मूर्त्तमान कर दिया गया है। वैषम्य सरोज के सौंदर्य को स्मरण करके और उभरता है। बेटी के सौंदर्य और रति-प्रसंग पर माँ की मुग्धता का वर्णन पिछले कुछ कवियों ने किया है। जायसी का चित्रण स्मरणीय है। 'पद्मावती रत्नसेन-भेंट-खंड' के अंतर्गत प्रातः समय पद्मावती को देख कर उसकी माँ की प्रतिक्रिया वर्णित हुई है—

कुसुम फूल जस मरदै निरँग देख सब अंग।
चंपावति भइ वारी, चूम केस और मंग॥

पर सरोज की माँ नहीं है। माँ के दायित्वों का पालन पिता ने ही किया है—

माँ की कुल शिक्षा मैंने दी,
पुष्प-सेज तेरी स्वय रची,

इस सरोज के यौवनागम का वर्णन निराला ने जैसे सधे हाथों पहले किया है, वह किसी भी युग में अतुलनीय है। अपने लिए द्वितीय विवाह के प्रस्ताव को आगा देख कवि असमंजस में है। उससे उबरने के लिए कवि अपने जन्म-कुंडली का कागज सरोज को खेलने को दे देता है, जिसे वह सहज ही टुकड़े-टुकड़े करके फाड़ देती है। इस बाल्यावस्था के बाद सरोज यौवन में प्रवेश करती है—

धीरे-धीरे फिर बढ़ा चरण,
बाल्य की केलियों का प्रांगण
कर पार, कुंज तारुण्य सुघर
आई, लावण्य-भार थर-थर
काँपा कोमलता पर सस्वर
ज्यों मालकौश नव वीणा पर

× × ×

क्या दृष्टि! अतल की सिक्त-धार
ज्यों भोगावती उठी अपार,
उमड़ता ऊर्ध्व को कल सलील
जल टलमल करता नील-नील
पर बँधा देह के दिव्य बाँध;
छलकता दृगों से साध-साध।

भोगावती, परंपरा के अनुसार, पाताल की नदी है, ऊपर की ओर उमड़ती हुई। अपने अंतर्निहित श्लेष के कारण इस बिंब की ताज़गी और उद्दाम वृत्ति सरोज की युवावस्था के आवेग से एकमेक हो जाती है। सरोज के इस रूप-चित्रण के साथ जो एक देहाती कान्यकुब्ज वर का अंकन कवि ने आगे किया है, वह दोनों चित्रों के विरोध को और पैना कर देता है। स्वाभावतः अपनी बेटी के लिए निराला ऐसा वर स्वीकार नहीं कर सकते।

जब रूढ़ियों से मुक्त एक उपयुक्त वर मिलता है, तो विवाह का आयोजन होता है। मंडप में बैठी सरोज का चित्र कवि ने खींचा है—

देखा मैंने, वह मूर्त्ति-धीति
मेरे बसंत की प्रथम गीति—
शृंगार, रहा जो निराकार,
रस कविता में उच्छ्वसित-धार
गाया स्वर्गीया-प्रिया-संग—
भरता प्राणों में राग-रंग
रति-रूप प्राप्त कर रहा वही,
आकाश बदल कर बना मही।

प्रिया का संक्रमण कैसे चुपचाप पुत्री में हो जाता है, इसका बड़ा सुकुमार अंकन कवि ने यहाँ किया है। अगली प्रबंध-रचना 'तुलसीदास' में यह संक्रमण एक भिन्न रूप में होता है—प्रिया रत्नावली का माता शारदा में। रवींद्रनाथ ने समशीर्षक की अपनी प्रसिद्ध कविता में उर्वशी का नारी-चित्रण निस्संग और निरपेक्ष रूप में किया है, जो न माता है, न कन्या और न वधू, जो केवल सुंदर है। निराला का चित्रण यहाँ अधिक कठिन धरातल पर है, जहाँ नारी के विविध रूप विशिष्ट मनःस्थितियों के बीच एक दूसरे में संक्रमित होकर समरस हो जाते हैं। जैसे लौकिक और अलौकिक प्रेम छायावादी कवियों के यहाँ परस्पर विलीन हुए हैं, वैसे ही तथाकथित लौकिक प्रेम के विविध रूप और इन के संगम में प्रेम का महाभाव विकसित होता है। प्रिया के साथ गाया सूक्ष्म गीत जो आकाश की तरह था बेटी के रूप में मानों धरती हो गया है। 'भोगावती' और 'धरती' के ये बिंब नारी के विविध रूपों की गहरी व्यंजना देते हैं।

कविता फिर धीरे-धीरे ट्रैजिक निष्पत्ति की ओर बढ़ती है; एक स्थिति में लगने लगता है इससे भिन्न उसकी नियति नहीं। सौंदर्य है तो नश्वरता अनिवार्य है; नश्वरता के बिना सौंदर्य की परिकल्पना संभव नहीं। कई वर्ष बाद सरोज का जीवन समाप्त हो जाता है। इस खंड में पहुँच कर कवि ने अपना इतिवृत्त अत्यंत संक्षिप्त कर दिया है। फिर आती हैं निराला की दो प्रसिद्ध पंक्तियाँ—

दुख ही जीवन की कथा रही,
क्या कहूँ आज, जो नहीं कहीं!

जिन में पूरे जीवन का संघर्ष गूँजने लगता है। कहीं ट्रैजेडी से अनकही और मार्मिक हो उठती है। 'शक्तिपूजा' के राम की आत्म-ग्लानि याद हो आती है—

'धिक् जीवन जो पाता ही आया है विरोध
धिक् साधन जिसके लिए सदा ही किया शोध।'

दोनों कविताओं का अंत अलग-अलग रूप में कवि ने बड़ी कुशलता से रचा है। 'शक्तिपूजा' में व्यापक मानवीय संघर्ष की वस्तु है, अत: उसका समापन 'जय' के पूरे आश्वासन में होता है—'होगी जय, होगी जय, हे पुरुषोत्तम नवीन!' पर 'सरोज-स्मृति' में वैयक्तिक पीड़ा प्रधान है, इसलिए कवि ने उसे अंततः 'तर्पण' के रूप में माना है अपने अश्रु-जल के साथ—'कन्ये, गत कर्मों का अर्पण / कर करता मैं तेरा तर्पण!' एक मानवीय नियति की गाथा है तो दूसरी 'भाग्यहीन' की 'कथा'।

'तुलसीदास' का प्रबंध और व्यापक पृष्ठभूमि पर रचा गया है। यहाँ देश के सांस्कृतिक मूल्यों के संरक्षण का प्रश्न हिंदी के शीर्षस्थ कवि के व्यक्तित्व और कृतित्व के माध्यम से उठाया गया है। चरितनायक के संदर्भ में रचना का तात्कालिक परिवेश मुग़ल काल है, पर एक भिन्न अर्थ-स्तर पर कविता आधुनिक भारत में अँग्रेजों की दासता के काल में प्रक्षिप्त दिखती है, जहाँ तुलसी की भूमिका में जैसे निराला स्वयं अपने को परिकल्पित कर रहे हों। यहाँ कवि दिखाता है कि राजनैतिक पराधीनता तो अपने में कष्टदायक है ही, पर उससे अधिक गहरे तल पर खोखला करने वाली सांस्कृतिक दासता है। और इसकी पहिचान कहीं अधिक मुश्किल होती है।

पुनर्जागरण के संदर्भ में निराला ने 'तुलसीदास' के माध्यम से बुनियादी प्रश्न यह उठाया है कि अँग्रेजों से हमारी सांस्कृतिक टकराहट है, या कि हम उनकी सांस्कृतिक दासता को स्वीकार करते हैं? सांस्कृतिक दासता का बड़ा सुंदर पर वैसा ही करुण चित्र कवि ने मुग़ल शासन के अंतर्गत खींचा है—

भूला दुख, अब सुख-स्वरित जाल
फैला—यह केवल कल्प काल—
कामिनी कुमुद कर-कलित ताल पर चलता;
प्राणों की छवि मृदुमंद स्पंद,
लघु गति, नियमित पद, ललित छंद;
होगा कोई, जो निरानन्द, कर मलता।

यह अकबर महान् के समय की स्थिर अमन-चैन का वर्णन है। पर इस सुख-शांति के भीतर गहराती हुई सांस्कृतिक दासता तुलसी के मन को सालती है। हिंदू संस्कृति का सूर्य डूब चुका

है; इस्लाम की चाँदनी चारों ओर छिटकी हुई है, जिस वातावरण में देश का जीवन-क्रम कैसा चलता है, इसका चित्रण कवि ने ऊपर के छंद में किया है। जातीय मानस लहरों में फूल की तरह अवश बह रहा है, उसकी कोई जड़ें नहीं हैं—

यों इस प्रवाह में देश मूल खो बहता

'देश मूल खो बहता' में समूची सांस्कृतिक निश्चेष्टता का सटीक वर्णन है, जहाँ ऊपर से देखने पर गति है, पर जो है एकदम सतह पर। इस संदर्भ में देश की सांस्कृतिक अस्मिता की चुनौती तुलसीदास के सामने उभर कर आती है। पर यह ज्ञान ऐसा सीधा-सरल नहीं है। तुलसी की पहली आसक्ति एक सहज गृहस्थ के रूप में अपनी पत्नी रत्नावली में है। उनके मैके आने पर वे पीछे-पीछे साथ चले आते हैं। यहाँ कवि ने लोक में प्रचलित तुलसी-रत्नावली वृत्तांत को उठाया है, पर उसमें व्याख्या की चमक उनकी अपनी है। हो सकता है व्यक्तिगत संदर्भों से तुलसी के वृत्त का यह पक्ष कवि निराला को अपने अनुकूल लगा हो।

तुलसी के इस आचरण से रत्नावली अपने पितृ-गृह में लज्जित अनुभव करती हैं। वह बिजली की तरह तड़पती और कहती है—

'धिक्! धाए तुम यों अनाहूत,
धो दिया श्रेष्ठ कुल-धर्म धूत,
राम के नहीं, काम के सूत कहलाए!

और तब तुलसी को रत्नावली में शारदा के दर्शन होते हैं। फिर नटराज के लोक में पहुँच कर जैसे 'कामायनी' के मनु को आनंद की अनुभूति होती है, कुछ वैसे ही शारदा के साक्षात्कार से तुलसी को—

आनंद रहा, मिट गए द्वंद्व बंधन सब।

तब उन्हें आसुर भावों से भूने ऋषि-क्षेत्र की पीड़ा समझ में आती है, और यहीं से सांस्कतिक संघर्ष की कथा-वस्तु उनके मन में घूमने लगती है। इस संघर्ष के दोनों पक्ष उनके सामने आते हैं—

भारती इधर, हैं उधर सकल
जड़ जीवन के संचित कौशल;
जय, इधर ईश, हैं उधर सबल माया-कर।

काव्य के ऊँचे धरातल पर संस्कृतियों और जीवन-मूल्यों का संघर्ष कृतियों का प्रमुख उपजीव्य बनता है। तुलसी के 'रामचरितमानस' की यही वस्तु है। निराला के 'तुलसीदास' और 'राम की शक्तिपूजा' ('रावण अधर्मरत भी अपना, मैं हुआ अपर— 'राम) की भी। 'कामायनी' में तो कथा और वस्तु दोनों का विधान इसी रूप में हुआ है। पहले देव और असुर संस्कृतियों का संघर्ष है, जिसका चित्रण वहाँ 'इड़ा' सर्ग में प्रधानतः हुआ है ('था एक पूजता देह दीन / दूसरा अपूर्ण अहंता में अपने को समझ रहा प्रवीण')। फिर देव और असुरों की सम्मिलित संस्कृति से टकरा कर मानवीय संस्कृति विकसित होती है, जो नश्वर है, पर अपनी नश्वरता में ही सर्जनात्मक है और प्रेम की क्षमता को आविष्कृत करती है। पुनर्जागरण युग में यह सांस्कृतिक संघर्ष की वस्तु अर्थ के स्तर पर और संचरणशील हो जाती है; अब टकराहट भारतीय और पाश्चात्य संस्कृतियों के बीच है। रचना-शक्ति की जय, भारती ('तुलसीदास') और दुर्गा ('राम की शक्तिपूजा') जिसकी अधिष्ठात्री हैं, में कवि की गहरी आस्था है। भारती और दुर्गा

निराला के लिए न सिर्फ हिंदू देव-माला की सदस्य हैं और न सिर्फ पुराण-कथा या कि प्रतीक। वे अर्थ की दृष्टि से इन सभी स्तरों पर संचरणशील हैं जो इस क्रिया-प्रतिक्रिया में विराट से विराटतर होता है। यही कारण है कि 'शक्तिपूजा' की दुर्गा स्वयं राम के वदन में लीन हो जाती हैं और 'तुलसीदास' की शारदा या भारती रत्नावली में प्रकट होती हैं और वहीं लीन भी होती हैं। और इसी आलोक में जैसे तुलसी अपने मानस की रचना करते हैं।

निराला अपने नये ढंग के प्रबंध-विधान में जैसे सफल हुए हैं, गीतों में उससे कहीं कम नहीं। तुलसी में 'रामचरितमानस' और 'विनयपत्रिका' जैसे कवि की अभिव्यक्ति के दोनों सबल पक्ष हैं, वैसे ही निराला में 'शक्तिपूजा' 'सरोज-स्मृति' और 'तुलसीदास' यदि एक ओर हैं तो विविध भाव-स्तरों और भाषिक विधान में रचे गए गीत दूसरी ओर। गीत के विधान को लेकर कई बार संदेह किया जाता है कि जटिल और संश्लिष्ट अनुभूतियों की अभिव्यक्ति उनके संक्षिप्त और सीधे रूप में कैसे संभव है? यहाँ देखा जा सकता है कि मध्यकालीन पदों का सीधा-सादा विधान छायावादी कवियों विशेषत: निराला ने अपने गीतों के लिए स्वीकार नहीं किया। पुराने पदों में आरंभ में टेक है, फिर बाद में एक ही बँधे आकार की अंत्यानुप्रास युक्त पंक्तियाँ हैं। कबीर, सूर, तुलसी, मीराबाई से लेकर भारतेंदु तक के पद इस शैली का अनुसरण करते हैं। प्रसाद और निराला के गीतों में बहुत तरह की विविधता है। टेक का होना अनिवार्य नहीं, पंक्तियों का आकार छोटा-बड़ा होता रहता है, तुकविधान में कोई निश्चित समरूपता नहीं। फिर गीत के आंतरिक विन्यास में वाक्यभंग का प्रयोग करके इच्छित स्थलों पर बल दे दिया जाता है।

निराला के गीत कहीं-कहीं बहुत संक्षिप्त हैं फिर भी उनमें जीवन की समग्र अनुभूति समोई हुई है। इस विधान के कुछ कारकों का तो अभी उल्लेख किया गया। इसके अतिरिक्त अनुभूति के द्वंद्वात्मक रूप को गीत में विकसित करके कवि अर्थ विस्तार संभव करता है और जीवन की समग्रता को पकड़ना चाहता है। उदाहरण के लिए एक प्रसिद्ध गीत लिया जा सकता है—'स्नेह निर्झर बह गया है'। १७ पंक्तियों की इस रचना में आरंभ की दो तुकसहित पंक्तियों के बाद ३ छंद हैं, जिन में से प्रत्येक में पहली ३ पंक्तियाँ एक आकार की हैं, बाद की दो पंक्तियाँ भिन्न आकार की। वाक्य-भंग का प्रयोग कई स्थलों पर है—'कह रही है—''अब यहाँ पिक या शिखी / नहीं आते, पंक्ति मैं वह हूँ लिखी / नहीं जिसका—अर्थ—/ जीवन दह गया है।' यों रूप-विधान की कई युक्तियों से पूरी कविता को एकरसता की प्रतीति से बचाया गया है। अनुभूति के धरातल पर कवि ने द्वंद्व विकसित किया है, विषाद और तोष के परस्पर विरोधी पक्षों को एक साथ जोड़ कर। कविता का पहला और मुख्य पंक्ति-क्रम 'स्नेह-निर्झर बह गया है / रेत ज्यों तन रह गया है' विषाद के गहरे भाव को व्यक्त करता है। पहला छंद फिर पूरे का पूरा उसी भाव-भूमि में है। दूसरे छंद में कवि की भावना जैसे करवट लेती है और वह कहता है—

दिये हैं मैंने जगत को फूल-फल,
किया है अपनी प्रभा से चकित-चल;
पर अनश्वर था सकल पल्लवित पल—
ठाठ जीवन का वही
जो ढह गया है।

पहले जितना गहरा विषाद था, यहाँ उतना ही गहरा आत्म-तोष है। कवि रचना-क्षण की अनश्वरता पर बल देता है, ऊपर का शारीरिक ठाठ भले ढीला पड़ गया हो। अब विषाद और आत्म-तोष की इस अंतर-प्रक्रिया में जैसे जीवन का समग्र रूप झंकृत हो उठता है, समग्रता को सूची-बद्ध करने की आवश्यकता नहीं रह जाती।

विषाद और आत्म-तोष के द्वंद्व से गुजर कर कवि तीसरे और अंतिम छंद में एक प्रशमित मन:स्थिति में पहुँचता है। व्यावहारिक जीवन की सभी निराशा के बावजूद कवि को आश्वासन है कि वह अपनी रचना में जीवित है और रहेगा—

मैं अलक्षित हूँ, यही
कवि कह गया है।

और इसी बिंदु पर गीत का समापन होता है, कुल १७ पंक्तियों में एक संपूर्ण रचना-जीवन का चित्रण करके।

निराला के गीत विविध मन:स्थितियों का अंकन करते हैं। ऋतु-गीत और प्रार्थना गीत हैं, उद्दाम शृंगार और गहरी करुणा के, और सहज उल्लास तथा ओज के। स्फुट कविताओं में भी ऐसा ही वैविध्य परिलक्षित किया जा सकता है। अंतिम चरण की रचनाओं में कहीं गहरी निराशा है, तो कहीं वैसी ही पुष्ट आस्था और भक्ति। वेदांत की ध्वनि बार-बार गूँजती है—

जिधर देखिए, श्याम विराजे।
श्याम कुंज, वन, यमुना श्यामा।
श्याम गगन, घन-वारिद गाजे।

इसी क्रम में आगे कवि का सूक्ष्म पर्यवेक्षण है—

श्रुति के अक्षर श्याम देखिए,
दीप शिखा पर श्याम निवाजे।

वेद तो मौखिक परंपरा में हैं; पर लिखे जाने पर वे भी श्याम अक्षरों में हो जाते हैं। यों, सर्वत्र श्याम का विस्तार है।

निराला के दीर्घ काव्य-विकास में अगले रचना-आंदोलनों—प्रगतिवाद, प्रयोगवाद और नयी कविता के बीज मिल जाते हैं। उनके संकलन 'नये पत्ते' (१९४६) से चलनेवाले अंतिम दौर में इस प्रकार की अनेक कविताएँ द्रष्टव्य हैं। आधुनिक काल में काव्यभाषा के आलाप से लेकर तराना तक वे स्वयं हैं। बाद के कुछ गीतों में सामान्य भाषिक अर्थ को परे करके निराला ने महज़ शब्दों और उनकी ध्वनियों को रचा है, जैसे शास्त्रीय शैली का गायक अपने संगीत का समापन तराने के साथ करता है। समकालीन कविता में कुछ ऐसे प्रयोग हुए हैं। पर निराला यहाँ भी अग्रणी हैं। एक उदाहरण द्रष्टव्य है—

ताक कमसिनवारि,
ताक कम सिनवारि,
ताक कम सिन वारि,
सिनवारि, सिनवारि।

इस क्रम का कुछ और विस्तृत विवेचन, भले कुछ अनिवार्य पुनरावृत्ति के साथ, अंतिम अध्याय 'उत्तर दृश्य' के दूसरे खंड में होगा। निराला ने हर बड़े लेखक की तरह जहाँ कविता

में अपने जीवन-वृत्त को अप्रमाणित किया है, वहीं अपने रचना-क्रम में वे उत्तरोत्तर पुराने को काट कर नया लिखते गए हैं। यह कवि की रचना-यात्रा का आखिरी पड़ाव है जहाँ अपनी अंतिम कविताओं में कवि ने भारतीय दर्शन के अनुकूल चक्रीय जीवन-क्रम में आस्था व्यक्त की है—

पुनः सबेरा, एक और फेरा ही जी का।

■

४

अज्ञेय : कविता में गद्य की सजगता

(i) आधुनिकता की चुनौती—

आधुनिकता की अवधारणा मूल्यबोधी होने पर भी मूलतः तो कालबोधी है। परिवर्त्तन प्रकृति का सामान्य नियम है, विकास बेहतर दिशा में चलने का उपक्रम, और आधुनिकता है इतिहास की गति को द्रुततर करने का सजग मानवीय प्रयास। परिवर्त्तन अनादि काल से चला आ रहा है, विकास मनुष्य की सभ्यता का आरंभिक लक्षण है, जबकि आधुनिकता की प्रक्रिया स्वचेतनता के बढ़ते दबाव से जुड़ी हुई है, जिसकी पृष्ठभूमि में एक ओर बीसवीं शताब्दी के आरंभ में हुए फ्रायड, एडलर, युंग के मनोविश्लेषण संबंधी अध्ययन हैं तो दूसरी ओर मार्क्स-लेनिन द्वारा सामाजिक-आर्थिक विकास-क्रम का विश्लेषण। इसी के अनुरूप पश्चिमी देशों में आधुनिकता मनोविश्लेषण और विज्ञान के विकास से जुड़ी हुई है, जबकि साम्यवादी देशों का आग्रह रहा है इतिहास की शक्तियों को समझ कर उसके चक्र को द्रुततर गति से परिचालित करने पर। आधुनिकता को गतिशील करने में एक विज्ञान का आश्रय लेता है दूसरा इतिहास का। इसी स्थिति में समसामयिकता और आधुनिकता का अंतर समझा जा सकता है। समसामयिकता अनिवार्यतः कैलेंडर-पत्रा के काल-क्रम से जुड़ी हुई है; हर युग के लेखक-कलाकार अपने युग के संदर्भ में समसामयिक कहे जा सकते हैं। आधुनिकता, जैसा कहा गया, काल-बोध के साथ-साथ मूल्य-बोध से जुड़ी हुई है। यहाँ कैलेंडर-पत्रा के कालक्रम को सजग भाव से और प्रयत्नपूर्वक आगे बढ़ाने का उपक्रम है। इस रूप में कोई लेखक-कलाकार समसामयिक तो होगा पर आवश्यक नहीं कि आधुनिक भी हो।

आधुनिक भाव-बोध के संक्रमण और विकास को समझने के संदर्भ में यह जानना उपयोगी होगा कि इस काल की ऐसी कौन सी विशिष्ट परिस्थितियाँ रही हैं, जिनमें इतिहास की नयी समझ का उपयोग करते हुए उसकी गति को द्रुततर करने के उपक्रम हुए, और उसकी क्या परिणतियाँ हुईं। जैसे एक सीमा के बाद पर्यावरण से मनुष्य की छेड़-छाड़ घातक बन सकती है, वैसे क्या इतिहास के साथ छेड़-छाड़ भी कुछ खतरों को जन्म देती है? आधुनिक काल में यदि सजग भाव से इतिहास का परिचालन करने का उपक्रम है, तो उसे समझने का तो और गहरा यत्न होना चाहिए।

आधुनिक चिंतन में मनुष्य सारे मूल्यों का स्रोत और उपादान है और वह स्वयं ही उसके विघटन का भी कारण है। सहस्राब्दों में निर्मित और विकसित मानवीय मूल्य अब विघटित होते जा रहे हैं, यह हमारी वर्त्तमान सभ्यता की चिंता का केंद्रीय विषय है। यों तो संक्रमण और मूल्यहीनता की स्थिति मानवीय इतिहास में अनेक बार आई है—संक्रमण का रोना लगभग हर युग के इतिहासकार ने रोया है—पर यह मानना होगा कि अब तक के संक्रमण

अपनी प्रकृति में संशोधन और सुधारपरक अधिक थे। इधर प्राय: द्वितीय महायुद्ध की समाप्ति के बाद से तो मूल्य संबंधी मौलिक आधार ही जैसे उखड़ गए हैं।

द्वितीय महायुद्ध (१९३९-१९४५) को इस प्रसंग में तिथि जैसा मानने का कारण है। यह स्पष्ट है कि मूल्य-विघटन की इस स्थिति को लाने में विज्ञान और प्रविधि का सबसे अधिक हाथ है। एक बार यह मान लेने पर यह भी स्पष्ट हो जाता है कि द्वितीय महायुद्ध के समय संबद्ध राष्ट्रों ने जैसे भीषण दबाव में जीवन-यापन किया, उसी में यह संभव था कि प्रतिद्वंद्विता और आत्मरक्षा की तीव्र भावना से प्रेरित होकर वे विज्ञान और प्रविधि का इतनी तेजी से विकास कर सके। अणुबम के विकास का जो इतिहास अब हमारे सामने है, उससे स्पष्ट है कि यदि द्वितीय महायुद्ध न होता तो अणुबम और अणुविद्या का विकास कई दशकों के बाद होता, शायद न भी होता, यदि होता भी तो कुछ भिन्न रूप में। इस तरह अणुशक्ति के आविष्कार से लेकर अंतरिक्ष-यात्रा का आयोजन तक युद्धकालीन मन:स्थिति के दबाव में अधिक हुआ है। युद्धकालीन जीवन की क्षिप्रता और गति शांतिकालीन जीवन की तुलना में कहीं अधिक होगी, और उस युद्धकाल के उखड़े हुए मूल्य—विवाह, परिवार, धर्म, परंपरागत नैतिकता आदि के मौलिक संदर्भों में—फिर नहीं जम सके। क्योंकि महायुद्ध तो समाप्त हो गया, पर उसके स्थान पर आसानी से समाप्त न होने वाला शीतयुद्ध आरंभ हो गया। विकसित और विकासशील देश अंदर-अंदर युद्ध के लिए अपने को तैयारी की हालत में रखते हैं। इस प्रकार युद्ध की मनोवृत्ति का दबाव कम नहीं हुआ, बढ़ा ही है। और इस मनोवृत्ति का प्रभाव-क्षेत्र फैलता जाता है। फलत: चाहे-अनचाहे भारी उद्योग और प्रविधि की लपेट भी फैलती जाती है। संकटकालीन स्थिति अब सामान्य स्थिति हो गई है।

प्रविधि के विकास का सीधा परिणाम यह हुआ कि गति बढ़ी है और संसार की सीमाएँ संकुचित हुई हैं। इससे मनुष्य एक दूसरे के अधिकाधिक संपर्क में आया है। और यह मनुष्य का तेजी से बढ़ता हुआ संपर्क मूल्यहीनता की स्थिति का एक प्रधान कारण है। एक सीमा के बाद मनुष्य ही मनुष्य के लिए सबसे बड़ा खतरा हो जाता है। अधिकाधिक बार संपर्क होते रहने से मनुष्य की अनुभूति-शक्ति का क्षरण होता है। लोहे को लोहा ही काट देता है। और अनुभूति के क्षरण का अर्थ है मानवीय सौहार्द में उत्तरोत्तर कमी तथा एक तरह की कठोरता का विकास, जिसका साक्ष्य हमारा समकालीन जीवन और साहित्य दोनों प्रस्तुत करते हैं। मनुष्य का मनुष्य से संपर्क बढ़ते हुए रूप में तनाव, द्वंद्व या संघर्ष की मन:स्थिति को जन्म देता है, जो कि बौद्धिक चेतना केंद्रों के परस्पर संपर्क का स्वाभाविक परिणाम है, खासतौर से आधुनिक परिग्रही समाज में। द्वितीय महायुद्ध को ही यदि फिर विभाजन-रेखा मानें तो उससे पूर्व भारत का औसत मनुष्य अपने समूचे जीवन-काल में सौ-दो सौ व्यक्तियों से मिल पाता था। पर संचार के प्रत्यक्ष (रेल, मोटर, जहाज) और अप्रत्यक्ष (डाक-तार, टेलीफोन, समाचार-पत्र, सिनेमा, रेडियो, दूरदर्शन) साधनों की सहायता से अब उसके परिचय और भावनात्मक संसक्ति का क्षेत्र कई सौ प्रतिशत बढ़ गया है। उन्नत देशों में तो इस परिचय और संसक्ति का विस्तार और तेजी से बढ़ा है। चेतना-केंद्रों का यह तीव्र गति से बढ़ता संपर्क मानवीय संवेदनशीलता पर बहुत बड़ा दबाव हो रहा है, जिससे अनुभूति का क्षरण होता है और स्नायविक रोगों की बढ़ोतरी। कुल मिलाकर अनुभूति के क्षेत्र में सनसनी का प्रवेश तेजी से बढ़ता जा रहा है।

दूसरी ओर, बढ़ती गति ने सारे मानवीय संबंधों और प्रतिमानों को अस्थिर कर दिया।

परिवार, धर्म, प्रेम और सामाजिक आचरण की अन्य मर्यादाएँ अनिश्चित हैं। यह इसलिए भी है कि जहाँ मनुष्य मनुष्य से टकरा रहा है, वहाँ अनेक राष्ट्र और जातियाँ, उनकी जीवन-पद्धतियाँ और संस्कृतियाँ परस्पर टकरा रही हैं। इन प्रभावों, संघातों को उनकी निरंतर बढ़ती हुई संख्या में, आत्मसात् करना, समरस बनाना एक सीमा के बाद संभव नहीं लगता। फलत: संसार के विभिन्न क्षेत्रों के बीच परस्पर के संपर्क से जितनी समता बढ़ती है, उस से कहीं अधिक संघर्ष बढ़ता है। ऐसी स्थिति में अनुभूति का क्षरण मानव जीवन में अर्थ की विकसन-प्रक्रिया को बाधित करता है। इस का अंततः परिणाम है अनर्थक, मूल्यहीन, अर्थहीन जीवन की स्थिति।

समकालीन साहित्य का नवीनतम अंश (भूखी-विद्रोही पीढ़ी, अन्यथावाद, अनर्थकता के आंदोलन, कथा-साहित्य में अनेक नामों के अंतर्गत 'सेक्स' का बढ़ता मादन-भाव आदि) जहाँ तक इन स्थितियों का अंकन करता है, वह एक माने में सही और प्रामाणिक है। उस का मूल विद्रोह परंपरागत जीवन की अर्थहीनता को लेकर है, जो समझ में आता है। इस संदर्भ में किया गया अनेक समाजिक स्थितियों का नितांत उघरा चित्रण उपलक्षण मात्र है। पर इस समूचे बिखराव को नये सिरे से सजाना और उसमें सार्थकता के तत्त्व खोजना यही तो मनुष्य का लक्षण और दायित्व है। यह ठीक है कि जीवन में परंपरागत ढंग से प्रतिष्ठित अर्थ आज बेमानी, कृत्रिम और उबकाई लाने वाला लग सकता है। तब उचित होगा कि पुराने अर्थ को निरस्त करके हम नये अर्थ का सृजन करें, क्योंकि जीवन में अर्थ को नकार कर तो हम मानवीय वैशिष्ट्य को ही नकारते हैं, और मनुष्य को सामान्य पशु के धरातल पर उतार देते हैं।

इस दृष्टि से समकालीन साहित्य के लिए सब से बड़ी चुनौती अर्थहीन लगनेवाले मानव जीवन में नये अर्थ-संदर्भों के निर्माण की है। ये अर्थ-संदर्भ सर्वथा नये हों, परंपरागत मान्यताओं से बिलकुल अलग हों, इस में एतराज़ नहीं हो सकता। पर जीवन के लिए और साहित्य के लिए या कि समस्त सृजन के लिए ही—सृष्टि-प्रक्रिया जीवधारियों की है, सर्जन केवल मानवीय वैशिष्ट्य है—अर्थ-संदर्भ हो, यह मौलिक अनिवार्यता है। इस प्रकार, अर्थहीनता मानवीय नियति नहीं, वरन अर्थ का सृजन मानवीय नियति है। जैविक धरातल की सृष्टि प्राणी-मात्र में समान है। इस जैविक सृष्टि के अंतर्गत संवेदनात्मक अर्थ का सृजन और संचरण मानवीय जीवन की विशिष्टता, इसलिए चरम मूल्य और दायित्व है। साहित्य इस सार्थकता की खोज का प्रमुख माध्यम रहा है, और अब भी है, क्योंकि धर्म, दर्शन अथवा विज्ञान की तुलना में उसकी प्रकृति और उसकी भाषा अधिक संपृक्त, अधिक मानवीय और इसलिए अधिक सर्जनात्मक है। साहित्य इस स्तर पर अर्थ से साक्षात्कार का माध्यम नहीं, वरन् अर्थ से साक्षात्कार की प्रक्रिया है। अपने संश्लिष्ट गठन के माध्यम से भाषिक अर्थों की टकराहट और उससे उत्पन्न वैविध्य और विस्तार से जीवन में सार्थकता की अनुभूति निष्पन्न कराते चलना साहित्य का मुख्य दायित्व है। अपने इस दायित्व को छोड़ कर साहित्य, साहित्य नहीं रह जाता, भले वह सामाजिक या राजनैतिक आंदोलन हो जाए या कि दिलचस्प किस्सागोई बन जाए या संप्रेषण की शक्ति से घोषित रूप में विरहित रूपाकार मात्र रह जाए।

आधुनिक सभ्यता का गठन अधिकाधिक यंत्र को केंद्र में रख कर हो रहा है। यंत्र में आवृत्ति और प्रसार की क्षमता है, संप्रेषण की नहीं। इसलिए यंत्र की सहायता से अधिकाधिक मनुष्य एक-दूसरे के संपर्क में तो आ रहे हैं, पर उनमें पारस्परिक संप्रेषण और उससे उत्पन्न

समझदारी का अभाव होता जा रहा है। यंत्र से गति बढ़ी है, पर प्राय: अनुभावन-शक्ति की कीमत पर। इस प्रसंग में तर्क किया जा सकता है कि मानवता के इतिहास में अभी तक गति तो उत्तरोत्तर बढ़ती ही रही है और उसके साथ क्रमश: समायोजन भी किया जाता रहा है। तब फिर कोई कारण नहीं कि यह समायोजन भविष्य में भी संभव न हो।

यदि हम इस स्थिति पर विचार करें तो पाते हैं कि गति ज्यों-ज्यों बढ़ती जाती है—और वह उत्तरोत्तर तेजी से बढ़ती ही जाती है—त्यों-त्यों मनुष्य की अनुभावन-क्षमता छीजती जाती है, क्योंकि स्मरण-शक्ति की ही तरह अनुभावन-शक्ति की भी अंतत: एक सीमा है। स्मरण-शक्ति सक्रिय रहती है विस्मरण के सहारे। नयी घटनाओं को याद रखने के लिए हम पुरानी को भूलते जाते हैं। पर अनुभव तो क्रमश: व्यक्तित्व का अंग बन जाता है जिसे काट कर निकाला नहीं जा सकता। मानवीय अनुभवों को सँजो कर रखने के लिए अंतराल चाहिए जैसे आधुनिक महानगरों के आबादी-क्षेत्रों के बीच हरित पट्टियाँ छोड़ दी जाती हैं। ये अंतराल कैसे बनें, और बने रहें, यह इस शताब्दी के लिए और आगे के लिए भी एक विषम समस्या है। कला-रचना को इस अंतराल में उगना है, और मनुष्य का मनुष्य से संपर्क एक सीमा के बाद बचाए रहना है। या कि अपने माध्यम से उन्हें जोड़ना है।

भारत औद्योगीकरण के क्षेत्र में पिछड़ा हुआ है और इस स्थिति की वजह से हमें इस बात की छूट और सुविधा है कि हम उन गलतियों से बेच सकते हैं जो यूरोप ने अपने विकास के दौरान की हैं। धार्मिक संस्कृति का कभी हमने विकास किया था, और अब वैज्ञानिक संस्कृति के परिष्कार का दायित्व हमारे ऊपर है। यह हमारे वश में है और करणीय है। पर इस के लिए हमें इतिहास कें दबाव को समझना होगा, और उसके प्रति सही प्रतिक्रिया करनी होगी। हमें इस रूप में विकास करना है जिंस से मनुष्य की अनुभूति और उसके व्यक्तित्व का क्षरण न हो। इस के लिए खतरे कई तरह के हैं। पहला खतरा यंत्र या प्रविधि-सभ्यता का है, जिस की चर्चा हमने अभी की है, और जिस का एक मूर्त्त डरावना रूप आल्डस हक्सले की प्रसिद्ध कथा-कृति 'द ब्रेवन्यू वर्ल्ड' में अंकित हुआ है। एक दूसरा खतरा राजनैतिक स्तर पर सर्वसत्तावादी पद्धति का है, जिसका चित्रण अपेक्षया मनोरंजक ढंग से जॉर्ज ऑरवैल ने अन्योक्ति शैली में 'ऐनीमल फार्म' में किया है। इस व्यंग्य-कथा में एक ऐसे समाज का अंकन है, जिस में सब लोग बराबर हैं, पर सब की तुलना में कुछ लोग अधिक बराबर हैं। 'अधिक बराबरी' का यह मुहाविरा अपने में जितना अर्थवान है, उतना ही तीखा भी। इन्हीं से संबद्ध और खतरे हैं प्रविधि-सभ्यता में अंतर्निहित गति के। और सब से बड़ी बात यह कि मनुष्य को मनुष्य के खतरे से बचाना है। इस सब का उपाय एक ही है—मनुष्य, प्रकृति और यंत्र के बीच उचित अनुपात विकसित करना। मनुष्य का मनुष्य, प्रकृति और यंत्र से सही अनुपात में संबंध हो, यही काम्य है। मनुष्य न तो यंत्र से क्षरित हो और न मनुष्य से ही। नये समाज और संसार की यही केंद्रीय समस्या है। इसे सुलझाने में साहित्य का गुणात्मक योग होना चाहिए।

(ii) अज्ञेय का कृतित्व—

आधुनिक साहित्य में मानवीय व्यक्तित्व और उसकी सर्जनात्मकता की सबसे गहरी और सार्थक चिंतना स० ही० वात्स्यायन 'अज्ञेय' के कृतित्व में मिलती है। समकालीन जीवन के जिन खतरों की ओर अभी संकेत किया गया, उनसे उबरने-के लिए मनुष्य के सर्जनात्मक

व्यक्तित्व को सुरक्षित रखते हुए विकसित करना, पुरानी शब्दावली में, आधुनिक जीवन का सबसे बड़ा पुरुषार्थ है। सर्जनात्मक व्यक्तित्व मूलतः स्वाधीन होगा, और स्वाधीन होकर ही दायित्व का अनुभव किया जा सकता है। इसीलिए महायुद्ध में फासिस्टों के विरुद्ध न्याय के पक्ष का समर्थन करने में दायित्व स्वीकार के लिए गांधी ने भारतीय स्वाधीनता को पहली शर्त माना था। अज्ञेय ने अपने कृतित्व में बुनियादी तौर पर मानव व्यक्तित्व की इस स्वाधीनता, सर्जनात्मकता और दायित्व को सूक्ष्म और प्रभावी रूप में अंकित किया है। उनके काव्य, कथा-साहित्य, यात्रा-वृत्त, समीक्षा में यही मौलिक दृष्टि सर्वत्र परिव्याप्त है। यंत्र में आवृत्ति और प्रसार की क्षमता है, पर सर्जन की शक्ति नहीं। सर्जन व्यक्तित्व के वैशिष्ट्य में ही संभव है—

यह अनुभव अद्वितीय, जो केवल मैंने जिया,
सब तुम्हें दिया। (*'भीतर जागा दाता'*)

'अनुभव अद्वितीय' संभव हो पाता है क्योंकि अज्ञेय के अनुसार ''ईश्वर ने मानव के रूप में अपनी प्रतिमा का निर्माण किया। कुशल शिल्पी होने के नाते उसने प्रत्येक प्रतिमा भिन्न और अद्वितीय बनाई; भिन्न होने के कारण प्रतिमाएँ परस्पर प्रेम कर सकीं।'' ('आत्मनेपद' : एकांत साक्षात्कार) और प्रेम तथा उसकी वेदना में जैविक सृष्टि तथा कलात्मक सर्जन दोनों की प्रक्रिया गतिशील होती है। अज्ञेय की पंक्तियाँ हैं—

एक क्षण-भर और :
लंबे सर्जना के क्षण कभी भी हो नहीं सकते।
बूँद स्वाती की भले हो
बेधती है मर्म सीपी का उसी निर्मम त्वरा से
वज्र जिससे फोड़ता चट्टान को।
भले ही फिर व्यथा के तम में
बरस पर बरस बीतें
एक मुक्ता-रूप को पकते। (*'सर्जना के क्षण'*)

इस तरह अनुभव की अद्वितीयता, व्यक्तित्व (कोरा व्यक्ति नहीं, स्मरणीय अँग्रेजी में 'इनडिविजुअल' और 'पर्सन' का अंतर) का वैशिष्ट्य और सर्जनात्मक क्षमता—मानवीय अस्तित्व और उसकी सार्थकता के यही मूल उपादान हैं।

बड़े रचनाकार की एक पहिचान इस बात से होती है कि उसने अपने युग-जीवन की केंद्रीय समस्या को कितनी दूर तक पहिचाना है, और आलोचक कृतकार्य तभी है जबकि वह रचनाकार के इस निदान पर अँगुली रख सके। प्रसाद के सामने समस्या थी युद्ध-ग्रस्त संस्कृति के दौर में अतिभौतिकता, अतिबौद्धिकता तथा अतिवैज्ञानिकता की, जिसे उन्होंने 'कामायनी' के विस्तृत फलक पर तथा कुछ अन्य स्फुट रचनाओं में अंकित किया है। निराला का संदर्भ राष्ट्रीय अधिक था। शताब्दियों से पराधीन तथा पिछड़े भारतीय जन की टूटती अस्मिता को उन्होंने समझा, तथा एक नयी शक्ति और सौंदर्य तथा जीवनोल्लास से उसे पुनः संपन्न किया। 'राम की शक्तिपूजा', 'तुलसीदास' तथा अनेक गीत और स्फुट कविताएँ उनके इस कवि-कर्म का प्रमाण प्रस्तुत करती हैं। अज्ञेय की दृष्टि में यंत्र और सर्वसत्तावादी पद्धति के आतंक में फँसे

मानवीय व्यक्तित्व को सर्जनात्मकता की दिशा में गतिशील करना उनके लिए प्रमुख कवि-दायित्व था। उनकी समझ में राजनीति और प्रविधि की वर्तमान साँठ-गाँठ आधुनिक मानव समाज के लिए सबसे बड़ी समस्या है। व्यक्तित्व की स्वाधीनता और सर्जनशीलता की सुरक्षा इस कवि-दृष्टि के केंद्र में है। और उनका काव्य हर दौर में इस वस्तु को लकर सक्रिय होता है। कवि के अनुसार समकालीन परिदृश्य पर मृत्यु के आधुनिक अस्तित्ववादी आतंक और तज्जन्य अनर्थकता-बोध से सर्जनात्मक होकर ही उबरा जा सकता है।

अज्ञेय के कृतित्व में यह आधारभूत वस्तु अपने विभिन्न पक्षों और संदर्भों में अंकित हुई है। विडंबना यह है कि मृत्यु के अस्तित्ववादी आतंक के समक्ष भारतीय जीवनप्रियता की मूल वस्तु को प्रतिपादित करने के बावजूद अज्ञेय को समकालीन समीक्षा में आँख मूँद कर 'अस्तित्ववादी' घोषित किया जाता रहता है। कुछ वैसे ही जैसे छायावाद के आरंभिक दिनों में उसे १९वीं शती के अँग्रेजी रोमांटिक काव्य की अनुकृति समझा जाता था। यह सही है कि अस्तित्ववादी चिंतन से अज्ञेय ने कुछ बौद्धिक उत्तेजना पाई हो, पर अपने उत्तरकालीन कृतित्व में लेखक का यत्न यही रहा है कि भारतीय परिस्थितियों में अस्तित्ववाद से भिन्न और अधिक संगत दृष्टि विकसित की जाए। 'आँगन के पार द्वार' संकलन की कविताएँ, 'अपने-अपने अजनबी' शीर्षक उपन्यास तथा 'एक बूँद सहसा उछली' शीर्षक यात्रावृत्त—१९६०-६१ में प्रकाशित इन तीनों कृतियों में माध्यमगत भिन्नता के बावजूद जीवन-प्रियता की मूलवस्तु अभिव्यक्त हुई है और तीनों रचनाओं में आस्था-आस्तिकता का एक सर्वथा नया स्तर उभरा है। यहाँ ईश्वर का भी साक्षात्कार सर्जन के रूप में होता है। 'अपने-अपने अजनबी' में सेल्मा की मृत्यु होने पर योके सोचती है—''ईश्वर भी शायद स्वेच्छाचारी नहीं है—उसे भी सृष्टि करनी ही है, क्योंकि उन्माद से बचने के लिए सृजन अनिवार्य है, वह सृष्टि नहीं करेगा तो पागल हो जाएगा...!'' 'उन्माद से बचने के लिए सृजन अनिवार्य है'—यह महत्त्वपूर्ण उपपत्ति रचना के केंद्र में है। अज्ञेय के इस चिंतन में जीवन-प्रियता के भारतीय आधार को ईसाई आस्था—विशेषत: यूरोप के 'पिएर क्ववीर' मठ की प्रेरणा—और जापान की ज़ेन पद्धति ने भी किसी सीमा तक समृद्ध किया है। और बाह्य प्रभावों को रचनात्मक भाव से आत्मसात् करने के लिए तो लेखक बराबर प्रस्तुत रहा है। 'अरी ओ करुणा प्रभामय' की भूमिका में उसने कहा है, ''प्रस्तुत संग्रह में अनुवादों को छोड़कर अन्य कविताओं में भी पूर्व के (और पश्चिम के भी क्यों नहीं?) प्रभाव मिलेंगे, लेखक सभी का स्वीकारी है...बंद घर में प्रकाश पूर्व या पश्चिम या किसी भी निश्चित दिशा से आता है—पर खुले आकाश में वह सभी ओर से समाया रहता है, इसी में उसका आकाशत्व है।''

ऐसे संश्लिष्ट व्यक्तित्व से अज्ञेय ने पश्चिमी मृत्यु के आतंक को भारतीय जीवनप्रियता और आस्था के सहारे अतिक्रमित करना चाहा है। इससे उनके कृतित्व का महत्त्वाकांक्षी रूप ही प्रमाणित होता है, जिसने आधुनिक संदर्भों में भारतीय रचना-परंपरा को समृद्ध किया है। सृजन के इस रहस्य की आत्मदान के रूप में व्याख्या रचनाकार ने 'आँगन के पार द्वार' में संकलित लंबी कविता 'असाध्य वीणा' में की है, जो अपने गठन में निराला की 'राम की शक्तिपूजा' का स्मरण दिलाती है। दोनों कविताओं में शक्ति और सृजन का अतर और बाह्य की टकराहट में देखने का यत्न किया गया है। 'शक्तिपूजा' के अंत में है

''होगी जय, होगी जय, हे पुरुषोत्तम नवीन।''
कह महाशक्ति राम के वदन में हुईं लीन।

और 'असाध्य वीणा' को साधने वाला केशकंबली अंत में कहता है—

''श्रेय नहीं कुछ मेरा :
मैं तो डूब गया था स्वयं शून्य में—
वीणा के माध्यम से अपने को मैंने
सब कुछ को सौंप दिया था—
सुना आपने जो वह मेरा नहीं,
न वीणा का था :
वह तो सब कुछ की तथता थी...''

'अपने' और 'सब कुछ की तथता' का यह अद्वैत निराला और अज्ञेय को गहरे संवेदनात्मक स्तर पर जोड़ता है। आत्मदान के माध्यम से 'शक्ति पूजा' के राम शक्ति साधना करते हैं और आत्मदान के ही माध्यम से 'असाध्य वीणा' का कलावंत वीणा को साधता है। यही शक्ति और सृजन के रहस्य का साक्षात्कार है। निराला ने अपने लिए कथानक बंगाल में प्रचलित राम-कथा से चुना, अज्ञेय ने एक जापानी लोक-कथा से। अलग-अलग देश-काल में ढली मूर्त्तियों को इन कलाकारों ने सहज पत्थर मान कर उसके खंडों से फिर नयी रचना की।

अज्ञेय ने अपना काव्य-जीवन आरंभ किया गैररोमांटिक रचना-संभावनाओं की तलाश से। भावात्मक अतिरंजना को परे करके सहज-सामान्य मनुष्य-जीवन में से उन्होंने कविता की रचना करनी चाही। इसके लिए उन्होंने एक नया प्रयोग किया—गद्य या गद्य के आसपास की भाषा में कविता रचने का क्रमशः तुकछंद और काव्य-लय को छोड़ कर। हिंदी कविता के इतिहास में अतुकांत रचना के क्षेत्र में महत्वपूर्ण पहल प्रसाद ने की थी ('कानन-कुसुन' में संग्रहीत 'भरत', 'शिल्प-सौंदर्य', 'वीर बालक', 'श्रीकृष्ण-जयंती', इनके अतिरिक्त तीन संक्षिप्त आख्यानक काव्य—'प्रेम पथिक', 'महाराणा का महत्त्व', 'करुणालय',), मुक्त छंद का आरंभ निराला ने किया, और उसी क्रम में परंपरागत काव्यलय को छोड़ कर गद्य-भाषा में कविता रचने का उपक्रम किया अज्ञेय ने जिसे फिर आगे विकसित शमशेरबहादुर सिंह, रघुवीरसहाय, लक्ष्मीकांत वर्मा, विपिन अग्रवाल जैसे नयी कविता के कवियों द्वारा किया गया। आधुनिक काल में यों कविता के ग़ैर-जरूरी उपकरण एक-एक करके छोड़े जाते रहे, और कविता व्यापकतर सामाजिक अनुभवों और बोलचाल से अभिन्न होकर अपने विधान में उत्तरोत्तर स्वायत्त होती गई। अतिरिक्त उपकरणों की अपेक्षा उसे नहीं रह गई, जिस स्थिति पर टिप्पणी करते हुए छायावाद के संपन्न होते समय १९३८ में सुमित्रानंदन पंत ने मार्मिक व्याख्या की थी—

खुल गए छंद के बंध,
प्रास के रजत पाश,
अब गीत मुक्त,
औ' युग वाणी बहती अयास। *('नव दृष्टि')*

समकालीन कविता में छंद की स्थिति और गद्य के प्रयोग पर अज्ञेय के विचार कई प्रसंगों में मिलते हैं। इस विषय पर आयोजित एक परिसंवाद और उसमें पढ़े गए निबंधों का संग्रह करते हुए उन्होंने समापन की दृष्टि से अपने कई वक्तव्यों को जोड़ कर यहाँ उन्हें एक नये

आलेख के रूप में प्रस्तुत किया है। यों इस प्रसंग में 'समकालीन कविता में छंद' (१९८७) के अंतर्गत उनकी नवीनतम वैचारिक स्थिति समझी जा सकती है। अपने आलेख के दूसरे खंड में वे कहते हैं, 'गद्य की एक लय होती है यह मान लेने में तो मुझे कठिनाई नहीं है, लेकिन गद्य का एक छंद होता है यह मैं बिना पारिभाषिक व्याख्या के स्वीकार नहीं करूँगा...छंद की चर्चा में प्रायः उन चीज़ों का उल्लेख होता है जिन्हें हमने अर्थात् समकालीन कवियों ने छोड़ दिया। ये चीजें पहले छंद का अंग मानी जाती थीं, एक-एक करके हम पहचानते गए कि इनके बिना भी हमारा काम चलता है। लेकिन लय पर आकर हम लोग अटक गए : हमने माना कि लय के बिना काम नहीं चलता—अर्थात् अगर कविता है तो लय है; अगर लय नहीं है तो काव्य और गद्य में भेद का आधार नहीं रहता।' इस विवेचन से अज्ञेय की निम्नलिखित मान्यताएँ स्पष्ट होती हैं—

(१) कविता और गद्य के बीच अंतर होता है।

(२) लय कविता के लिए अनिवार्य तत्त्व है।

(३) गद्य की अपनी एक लय होती है।

इन मान्यताओं को एक दूसरे से जोड़ने पर कवि की यह दृष्टि उभरती है कि नयी कविता के लिए गद्य की अपनी सामान्य लय से काम चलता है, जहाँ पहुँच कर गद्य और कविता के बीच दिखाई पड़ने वाला अंतर कम से कम रह जाता है, जब कि गुणात्मक अंतर अत्यंत प्रभावी हो जाता है। कम से कम लय को स्वीकार करके कवि भाषा की अपनी सर्जन क्षमता पर ही निर्भर होता है, अन्य उपकरण तो उसने पहले ही छोड़ चुके होते हैं। अज्ञेय और परवर्त्ती कविता में यों भाषा रचना के अधिकाधिक केंद्र में हो जाती है। भाषा का यह रूप स्वभावतः बोलचाल का है, जिसकी लय कवि के अभीष्ट पाठक-श्रोता की अत्यंत परिचित है। भाषा के इस रिश्ते से कवि सब को बाँधना चाहता है। आधुनिक काल के आरंभ से कवि का आग्रह उत्तरोत्तर बढ़ता गया है कि रचना की भाषा बोलचाल से दूर न हो, बोलचाल ही हो। मुख्यतः इस बल के कारण उसने तुक-छंद-लय का क्रमशः परित्याग किया है, जिससे उसकी इस केंद्रीय प्रतिज्ञा के निर्वाह में रचना के अपेक्षया बाहरी तत्त्व बाधक न हों। बल अब बात के स्वयं बोलने पर है—'बात बोलेगी / हम नहीं।' (शमशेर)

बोलचाल का विश्लेषण करते हुए अज्ञेय उसके कई नये पक्षों की ओर संकेत करते हैं। 'छंद-बोध' : आधुनिक स्थितियाँ' के अंतर्गत कहते हैं, 'बोलचाल की भाषा का आधार लेते हुए हम लोगों ने स्वभावतः बलाघात या स्वराघात का महत्त्व पहचाना जो कि लय का एक आधारभूत तत्त्व है। इससे पहले स्वर अथवा बलाघात की ऐसी चेतना नहीं थी, न शास्त्र में उसका विचार हुआ था।' यहाँ अच्छा होता यदि अज्ञेय स्वराघात और बलाघात में भेद करते। स्वराघात संगीत के निकट ले जाता है, जब कि बलाघात गद्य के। भोजपुरी बोली में स्वराघात की प्रधानता है, बँगला भाषा में बलाघात की। स्वराघात भाषिक विकास के संदभ में पिछड़ेपन का लक्षण माना जाता है, जो हिंदी क्षेत्र की किन्हीं-किन्हीं बोलियों में अवशिष्ट है : आधुनिक उर्दू के प्रसिद्ध शायर रघुपतिसहाय 'फिराक' गोरखपुरी भोजपुरी बोलनेवालों के लिए कहते थे कि वे बोलते नहीं, गाते हैं। बलाघात आधुनिक गद्य और वक्तृता का वैशिष्ट्य है। परिनिष्ठित हिंदी में स्वराघात का नहीं, बलाघात का प्रयोग होता है। अपने प्रसिद्ध ग्रंथ 'हिंदी भाषा का इतिहास' के अंतर्गत 'हिंदी में स्वराघात' प्रकरण के अंतर्गत धीरेन्द्र वर्मा लिखते हैं, 'वैदिक

भाषा के समान हिंदी में गीतात्मक स्वराघात शब्दों में नहीं पाया जाता...हिंदी शब्दों में बलात्मक स्वराघात अवश्य पाया जाता है, किंतु वह अँग्रेजी के इस प्रकार के स्वराघात के सदृश प्रत्येक शब्द में निश्चित नहीं है...हिंदी के कुछ मात्रिक और वर्णिक छंदों का मूलाधार स्वरों की संख्या या मात्राकाल न होकर वास्तव में बलात्मक स्वराघात ही है...उदाहरण के लिए सवैया छंद में गणों का क्रम तथा वर्ण संख्या बँधी हुई है। प्रत्येक पाद की वर्ण-संख्या में तो कोई गड़बड़ नहीं होती किंतु गणों के अंदर वास्तव में स्वर की ह्रस्व-दीर्घ मात्राओं का ध्यान नहीं रक्खा जाता, जैसे अवधेस के द्वारे सकारे गई, सुत गोद कै भूपति लै निकसे इस पाद में के रे रे कै मात्रा के हिसाब से दीर्घ हैं किंतु छंद की दृष्टि से इन्हें ह्रस्व मानना पड़ता है। वास्तव में इस सवैया के अंदर संस्कृत के समान गण का क्रम न होकर प्रत्येक दो वर्ण के बाद बलात्मक स्वराघात है।' यहाँ धीरेन्द्र वर्मा ने हिंदी छंद-विधान की विशेषता दरसाने के लिए सवैया छंद का उदाहरण बड़ा उपयुक्त चुना है, इस माने में कि सवैया में संस्कृत के वर्ण-क्रम का कठोर गणित और हिंदी के मात्रिक छंद की उन्मुक्तता का सहज संयोग होता है, और इस संयोग में हिंदी छंद की अपनी लय का विकास होता है, जहाँ हिंदी शब्दों के अपने बलात्मक स्वराघात का उपयोग कुछ-कुछ संगीतात्मक स्वराघात के हित में होता दिखता है। हिंदी शब्दों के इस बलात्मक स्वराघात का नये ढंग से प्रयोग अज्ञेय ने कविता में गद्य की लय बनाने के लिए किया जो एक प्रकार से बलात्मक स्वराघात का सही उपयोग है। उदाहरण के लिए उनकी संक्षिप्त कविता 'एक बूँद सहसा उछली' ली जा सकती है जहाँ ऊर्ध्व वृत्ति में सौंदर्य के साक्षात्कार का अंकन हुआ है—

मैं ने देखा :

एक बूँद सहसा

उछली सागर के झाग से—

रँगी गयी क्षण-भर

ढलते सूरज की आग से।

—मुझ को दीख गया :

हर आलोक-छुआ अपनापन

है उन्मोचन

नश्वरता के दाग से।

स्थूलांकित अक्षरों पर का बलात्मक स्वराघात गद्य के मिज़ाज की तरह चलता है, और इच्छित स्थानों पर श्रोता (या कि पाठक) का ध्यान विशेष रूप से आकर्षित करना चाहता है, जो कि बलाघात का एक प्रकार से सामान्य उद्देश्य कहा जा सकता है। 'सहसा' और 'उछली' के बीच का वाक्यभंग भी अपने ढंग से वही काम करता है। यों बलाघात एक ओर पाठक/श्रोता को धक्का सा देता चलता है और दूसरी ओर धक्के के इस क्रम को लय में ढालता है। इन कुछ-कुछ विरोधी प्रकार्यों को अज्ञेय ने अपनी नयी संवेदना के साथ काव्य भाषा में साधा है।

मानवीय व्यक्तित्व की व्याख्या में अज्ञेय ने भाषा को अनिवार्य तत्त्व माना है। भाषा उनके लिए माध्यम नहीं, अनुभूति है। सर्जनात्मकता की समस्या से सतत जूझनेवाले रचनाकार के

लिए यह उचित है कि वह भाषिक सर्जन की क्षमता को गहरे ढंग से समझे। अज्ञेय की कई प्रसिद्ध कविताओं में भाषा और अनुभूति के अद्वैत को व्याख्यायित करने का यत्न हुआ है। यह सृजन-क्रिया को आधुनिक सचेतन भाव से समझने का उपक्रम है। 'कलगी बाजरे की', 'शब्द और सत्य', 'जितना तुम्हारा सच है' जैसी कविताओं की मूल वस्तु सर्जन और भाषा का अंतर-संबंध है। अज्ञेय ने एक जगह लिखा है, 'मैं उन व्यक्तियों में से हूँ—और ऐसे व्यक्तियों की संख्या शायद दिन-प्रतिदिन घटती जा रही है—जो भाषा का सम्मान करते हैं और अच्छी भाषा को अपने आप में एक सिद्धि मानते हैं।' ('आत्मनेपद', पृ० २४०) यहाँ 'अच्छी भाषा' का अर्थ अलंकृति या चमकदार भाषा नहीं है, वरन् 'अच्छी भाषा' की अच्छाई इसी में है कि वह भाषा और अनुभूति के अद्वैत को स्थापित करे। अज्ञेय की अपनी काव्यभाषा उनकी इस मान्यता का समर्थन करती है। भाषा की अनेक भंगिमाओं को निखारते-निखारते उन्होंने भाषा का सब से प्रभावी रूप 'मौन' के स्तर पर अनुभव किया है। पर इस 'मौन' से शैथिल्य नहीं, तनाव व्यंजित होता है, ऐसा तनाव जो कलाकृति का आधार है—

तू काव्य :
सदा-वेष्टित यथार्थ
चिर-तनित,
भारहीन, गुरु
अव्यय।
तू छलता है
पर हर छल में
तू और विशद अभ्रांत
अनूठा होता जाता है *('चक्रांत शिला')*

यह काव्य द्वारा 'छला जाना' संभव हो पाता है, क्योंकि वह 'सदा वेष्टित' 'चिर-तनित' है और रचना का यह तनाव भाषिक द्वंद्व की विकासमान अर्थ प्रक्रिया से बनता है। इसलिए कवि के अनुसार—

मौन भी अभिव्यंजना है :
जितना तुम्हारा सच है
उतना ही कहो *('जितना तुम्हारा सच है')*

अज्ञेय के संदर्भ में यह मौन मितकथन है, कहने और कहने के बीच अनकहना है, तथा और गहरे स्तर पर आत्मदान का भाव है, जहाँ बोलना मानो आक्रमण है, मौन ही अपने को दे देना है। समकालीन समीक्षा की यह एक विडंबना है कि आत्मदान के लिए प्रतिश्रुत कवि अज्ञेय को 'व्यक्तिवादी' कहा जाता रहा है। समीक्षा के इस रूप में 'व्यक्ति' और 'व्यक्तित्व' के बीच विवेक नहीं किया गया।

अज्ञेय के कृतित्व का वैशिष्ट्य व्यक्तित्व और भाषा के गहरे आयामों को समरस करने में रहा है, कविता और कथा-साहित्य दोनों में। मानव की सर्जनात्मक क्षमता को केंद्रीय वस्तु मानने के कारण अज्ञेय की कविताओं में जगह-जगह रचना-प्रक्रिया की व्याख्या होती है। बात और कहने वाले कवि के बीच का निरंतर चलनेवाला तनाव गहरे स्तर पर 'बच रही जो बात'

में अनुभूत होता है जहाँ एक प्रकार से कवि की काव्य-यात्रा का मध्य-बिंदु कहा जा सकता है—

बात है :
चुकती रहेगी
एक दिन चुक जायगी ही बात!

जब चुक चले तब
उस बिंदु पर
जो मैं बचूँ
(मैं बचूँगा ही!)
उसको मैं कहूँ—
इस मोह में अब और कब तक रहूँ?

(iii) उत्तर-काव्य—

'असाध्य वीणा' के सधने और संपन्न होने पर अज्ञेय की रचना-प्रक्रिया का एक दौर पूरा हुआ दिखता है। यह आकस्मिक नहीं कि अपने अगले संकलन 'कितनी नावों में कितनी बार' में वे जिज्ञासा करते हैं कि बात या कवि में से किसे पहले चुकना है—

बात है :
चुकती रहेगी
एक दिन चुक जायगी ही बात!
जब चुक चले तब
उस बिंदु पर
जो मैं बचूँ
(मैं बचूँगा ही!)
उसको मैं कहूँ—
इस मोह में अब और कब तक रहूँ?

चुक रहा हूँ मैं।
स्वयं जब चुक चलूँ
तब भी बच रहे जो बात—
(बात ही तो रहेगी!)
उसी को कहूँ।

यह संभावना—
यह नियति—कवि की
सहूँ।

रचना-प्रक्रिया के अंतर्गत रचना और रचनाकार की कशमकश का ऐसा सूक्ष्म और बेलाग अंकन शायद ही कहीं मिले। अपनी काव्य-यात्रा का उत्तर पक्ष आरंभ करते समय इस समस्या से एक बार फिर जूझना कवि की आधुनिक आत्मसजगता का परिचायक है। यों रचना-प्रक्रिया पर अज्ञेय की, और परवर्त्ती कवियों की भी, कुछ अच्छी कविताएँ बनी हैं, पर बात और कवि का ऐसा निचाट आमना-सामना, गहरी क्रिया-प्रतिक्रिया उत्तर अज्ञेय में ही संभव है। जहाँ आंदोलन कुछ थिराया है, जिज्ञासाएँ कुछ और गहरी हुई हैं।

'कितनी नावों में कितनी बार' पूर्व तथा उत्तर अज्ञेय का संधि-क्षेत्र है। प्रायः बीस वर्षों का रचना-काल (१९६७-१९८६ ई०), जिसे अज्ञेय का उत्तर काव्य कहा जा रहा है, पुराने को पका रहा है, और अपेक्षाकृत कुछ कम नये प्रयोगों में संलग्न है। तत्सम से तद्भव होने की जो प्रक्रिया अज्ञेय में आरंभ हुई थी, अब देसीपन की ओर बढ़ रही है, जो एक प्रकार से अन्वेषी काव्ययात्रा की स्वाभाविक परिणति कही जा सकती है। कुछ ऐसा ही विकास-क्रम निराला के यहाँ देखने को मिलता है। 'अनामिका', 'परिमल' और 'गीतिका' से लेकर 'तुलसीदास' तक तत्सम-प्रियता का दौर है, फिर आता है तद्भव पर बल 'कुकुरमुत्ता', 'अणिमा', 'बेला' और 'नये पत्ते' में। अंत में आते हैं 'अर्चना', 'आराधना', और 'गीत गुंज' के गीत जहाँ आग्रह किसी ओर नहीं एक सहज देसीपन का आत्मविश्वास है। दोनों कवियों की रचना-प्रक्रिया और निष्पत्ति के अपने अंतर हैं, वह अलग बात है।

इस विकास-प्रक्रिया में प्रेम की कविता कुछ फीकी या ऊनी पड़ती है, या कहना चाहिये कि अब पहले जैसी प्रेम-कविता नहीं लिखी जा सकती। निराला प्रेम से भक्ति की भूमिका में उतरते हैं जो अज्ञेय के लिए सुलभ नहीं। तब वे कुछ दार्शनिक प्रश्नों में डूबते हैं, कहीं-कहीं कुछ अध्यात्म की झलक भी आ जाती है। देसी भाषा में दर्शन की बात के लिए अलग ठाठ अपेक्षित है। दूसरी ओर इस विधान में देश की बात सहज ढंग से उभरती है। उत्तर अज्ञेय में ये दो नयी प्रवृत्तियाँ विशेष रूप से सक्रिय होती हैं। दर्शन और देश के अतिरिक्त देश-दर्शन के विविध रूप पहले से आते दिखते हैं।

उत्तर अज्ञेय के इस मुख्य रचना-संसार में देसीपन से अभिप्राय महज़ देशज शब्दावली से नहीं है। यहाँ देसीपन कवि के समूचे दृष्टिकोण में निहित है, जो शब्द-समूह, विषय वस्तु और उसकी बुनियादी सहानुभूति में प्रतिफलित होता है। 'नदी की बाँक पर छाया' की एक छोटी कविता है 'पंडिज्जी'—

> **अरे भैया, पंडिज्जी ने पोथी बंद कर दी है।**
>
> **पंडिज्जी ने चश्मा उतार लिया है।**
>
> **पंडिज्जी ने आँखें मूँद ली हैं**
>
> **पंडिज्जी चुप से हो गये हैं।**
>
> **भैया, इस समय**
>
> **पंडिज्जी**
>
> **फ़कत आदमी हैं।**

यहाँ 'पंडिज्जी' शब्द-प्रयोग के उच्चारण-रूप से लेकर कविता में अंतर्निहित भाव-बोध और दार्शनिक स्तर के सहज कौतूहल और कौतुक में भी आम आदमी का चरित्र उभरता दिखता

है। तब समझ में आता है कि अज्ञेय के उत्तर काव्य में 'फ़कत आदमी' का चित्रण फ़कत भाषा में करने का कैसा सघन प्रयास हुआ है। यहाँ अज्ञेय ने 'पोथी बंद कर दी है', 'चश्मा उतार लिया है', 'आँखें मूँद ली हैं', वे 'चुप-से हो गये हैं', और इस समय...'फ़कत आदमी हैं।'

'क्योंकि मैं उसे जानता हूँ' से रचना-भाषा सच्चे अर्थों में हल्की होनी शुरू होती है। सर्वनामों का प्रयोग यहाँ केंद्रीय हो जाता है, क्योंकि सर्वनाम अपने रूप में पूरी तरह से तद्भव हैं। हिंदी की सर्वनाम शब्दावली में एक भी प्रयोग तत्सम नहीं। सर्वनामों के साथ क्रिया-रूपों की तद्भवता और उनका देसीपन बढ़ता है। 'गूँजेगी आवाज़' में ऐसे अनेकविध प्रयोग मिलेंगे—'हाथ उठेंगे, टटोलेंगे / पर पकड़ाई नहीं पावेंगे।' 'पकड़ाई' जैसे ठेठ देसी कृदंत रूप कवि को गली-मुहल्लों और सामान्य मध्यवर्गीय घरों से जोड़ते हैं। सर्वनाम-क्रिया-कृदंत पदों के बीच नाम शब्दावली अब कम ध्यान खींचती है। सर्वनाम या तो दर्शन के रहस्य की ओर ले जाते हैं या समाज के व्यापक यथार्थ की ओर। शीर्षक कविता 'क्योंकि मैं उसे जानता हूँ' में 'उसे' पद दार्शनिक छाया लिए जान पड़ेगा, पर संदर्भ वहाँ समाज में व्याप्त भुखमरी का है। कवि अखबार के कॉलमों में वर्णित उस अनाम व्यक्ति से संबंध महसूस करता है जो पेट की आग में जल रहा है—

क्योंकि मैं,
उसे जानता हूँ
जिसने पेड़ के पत्ते खाये हैं,
और जो उसकी जड़ की लकड़ी भी खा सकता है
क्योंकि उसे जीवन की प्यास है;
क्योंकि वह मुझे प्यारा है
इसलिए मैं पेड़ की जड़ को या लकड़ी को
अनदेखा नहीं करता
बल्कि पत्ती को
प्यार भी करता हूँ और करूँगा।

समाज के जीवन के लिए व्यापक सहानुभूति और करुणा की भावना अज्ञेय के उत्तर काव्य में गहरी होती है जो पूर्व अज्ञेय के उपन्यासों, विशेषतः 'शेखर : एक जीवनी', तथा कहानियों में सक्रिय थी। रचना के क्षेत्र में उत्तर अज्ञेय मुख्यतः कवि हैं, या फिर विचारक। इस दृष्टि से यहाँ उनकी कविता के सीमांत फैले हैं, थोड़े से सर्वनामों के प्रयोग में उन्होंने कई माध्यमों के व्यापक अनुभव को समेटना चाहा है। मैं और तुम का संबंध तो कविता में पुराना है, मैं और वह का परिचय इधर प्रगाढ़ हुआ है।

इसके लिए परिवेश अब कवि का ध्यान अधिक खींचता है। आज़ादी की स्थिति का पहली बार सर्वेक्षण अज्ञेय द्वारा किया जाता है 'आज़ादी के बीस बरस'! जब भारतीय संविधान देश ने स्वीकार किया था तो कवि ने लिखा था "आज हम अपने युगों के स्वप्न को / यह नयी आलोक-मंजूषा समर्पित कर रहे हैं।" अब एक पीढ़ी का समय पूरा होने पर कवि अपने चारों ओर देखता है कि एक पारस्परिक दोषारोपण का स्वर गहरा हुआ है—आज़ादी को देश से और देश को आज़ादी से शिकायत ही शिकायत है। एक अगंभीर मुद्रा में कवि सारी स्थिति का जायज़ा लेता है, और यह मुद्रा ही जैसे इस प्रसंग में उसका वक्तव्य है। 'छब्बीस

जनवरी' वाली कविता की निष्ठा यहाँ एक विद्रूप में बदल गई है, जो देश की इस नयी अप्रिय मानसिकता का संकेत देती है।

इन बदलते मानवीय और सामाजिक रिश्तों के पीछे किसी सीमा तक अज्ञेय की पत्रकारिता की भूमिका हो सकती है। पत्रकारिता में से कविता बनाना निश्चय ही कठिन काम है, क्योंकि इस प्रक्रिया में खतरा दूसरी दिशा से आक्रांत होने का बराबर बना रहता है। संचार माध्यमों की चुनौती साहित्य और कलाओं के लिए आज बेतहाशा बढ़ी है, और इस रचना-संकट को झेल ले जाना किसी भी रचनाकार के संवेदनात्मक स्वास्थ्य के लिए अच्छा लक्षण है। 'दिनमान' साप्ताहिक और 'नवभारत टाइम्स' दैनिक की समाचार पत्रकारिता से संबद्ध रहने की अवधि में अज्ञेय की कविता पर जो दबाव पड़े उनकी पड़ताल एक स्वतंत्र अध्ययन का विषय हो सकता है; यहाँ केवल इस परिवर्त्तन को लक्षित करना काम्य है इस संकेत के साथ कि गद्य की लय से कविता बनाने का जो प्रयोग अज्ञेय ने आरंभ किया था वह इस दौर में पत्रकारिता के संस्पर्श से और प्रभावी हुआ है।

'क्योंकि मैं उसे जानता हूँ' में 'गूँजेगी आवाज़' खंड की कविताएँ देश की वर्तमान परिस्थिति से जुड़ी हुई हैं। 'आज़ादी के बीस बरस' के अतिरिक्त 'अहं राष्ट्री संगमनी जनानाम्', 'क्योंकि मैं', 'जनपथ×राजपथ', 'केले का पेड़', 'देश की कहानी : दादी की ज़बानी' जैसी कविताएँ तीखे व्यंग की मुद्रा और मुहाविरे में चलती हैं, जो अज्ञेय के यहाँ आलोचना और अस्वीकृति का सबसे कठोर रूप है, और उनके रचना-विधान में बाद में विकसित हुआ है। इन कविताओं का मिज़ाज पूरी तरह देसी है। व्यंग और सहानुभूति की मिलावट में 'केले का पेड़' इस वर्ग की सबसे सशक्त रचना है। कविता व्यंग में आरंभ होती है और सहानुभूति में पूरी। एक पंजाबी, 'बुझारत' या पहेली के लोक-आधार से प्रेरणा लेकर कविता अपने संदर्भ में जम कर खड़ी हुई है अपने ही अप्रस्तुत 'केले का पेड़' के प्रतिरोध में। कविता अंत में प्रस्तुत 'भारतवासी' को सीधे संबोधित करती है—

ओ केले के पेड़, क्यों नहीं भगवान ने तुझे रीढ़ दी
कि कभी तो तू अपने भी काम आता—
चाहे तुझे कोई न भी खाता—
न सेठ, न संन्यासी, न डाँगर-पशु—
चाहे तुझे बाँध कर तुझ पर न भी भँसाता
हर असमय मृत आशा-शिशु?
तू एक बार तन कर खड़ा तो होता
मेरे लुजलुज भारतवासी!

पूरी कविता में समूचे देश का इतिहास और उसकी मानसिकता पहले धीमे से और फिर तीव्र स्वर में गूँज उठती है, एक ऐसा देश जिसका फल बराबर देशी-विदेशी राजाओं ने ही खाया है। यह निरा संयोग नहीं कि अप्रस्तु. केले का पेड़ भारतीय व्रत-त्यौहार और उत्सव में मांगल्य का सूचक रहता है, और इस माने में भारतवासी के लिए सच्चा प्रतीक है, उसकी उपयोगिता और निरीहता दोनों के संदर्भ में।

जैसा संकेत किया गया, अब प्रेम और प्रार्थना की कविता का स्वर एक-दूसरे के निकट आ गया है। यह आकस्मिक नहीं कि दोनों प्रकार की कविताओं को एक खंड में

संकलित किया गया है—'प्रार्थना का एक प्रकार', और दोनों जगह एक गहरी करुणा का भाव अंतर्व्याप्त है। तत्सम की उदात्तता तद्भव की बराबरी और देसी की आत्मीयता में बदल गई है। 'कहीं राह चलते-चलते / चुक जायेगा / दिन। सहसा झुक आयेगी साँझ घनेरी' में वाक्य-भंग के जरिये दिन के चुकने को स्वरांकित किया गया है, यद्यपि प्रेम-व्यापार बहुत कुछ अपनी जगह चलते रहते हैं। 'मैत्री', 'वेध्य', 'प्यार' बहुत कुछ उसी मन:स्थिति को जारी रखती हैं। 'देहरी पर', 'जिस मंदिर में मैं गया नहीं' और 'प्रार्थना का एक प्रकार' में प्रार्थना प्यार की तरह ही अधूरी है। यहाँ आकर प्रेम की कविता जैसे 'प्रार्थना का एक प्रकार' बन गई है।

'सागर मुद्रा' में अज्ञेय का पुराना काव्य-संस्कार एक बार फिर प्रबल होता है। यहाँ प्रकृति और प्यार की कविताएँ हैं, कवि-कर्म की समीक्षा है और है परम तत्त्व का आकर्षण। ये अज्ञेय की पुरानी और प्रिय काव्य-वस्तु हैं। प्रेम की कुछ उन्मुक्त कविताएँ हैं 'छातियों के बीच', 'कन्हाई ने प्यार किया' और 'प्रेमोपनिषद'। विराट् प्रकृति के सान्निध्य में प्रेम अंतहीन और दुष्प्राप्य हो जाता है—'उस एक रूप पर जिसे कभी पाया नहीं / जो कभी हाथ आया नहीं'। प्यार और प्रकृति का यह मिला-जुला रूप 'सागर-मुद्रा : २' में उभरता है—

सागर की लहरों के बीच से वह
बाँहें बढ़ाये हुए
मेरी ओर दौड़ती हुई आती हुई
पुकारती हुई बोली :
'तुम—तुम सागर क्यों नहीं हो?'

और सागर की विशेषता है कि वह 'निर्बन्ध मुक्त रखता है, मुक्त करता है'। जो कवि की दृष्टि में प्यार का मानक है। वह बाँधता नहीं, विस्तार देता है। यही सागर-मुद्रा है।

'सागर-मुद्रा' में प्रकृति और प्रेम का जो उच्छलित रूप है वह मानवीय जिजीविषा का ही प्रतिरूप है, जिसे कभी निराला ने कहा था, 'अभी न होगा मेरा अंत / अभी-अभी ही तो आया है / मेरे वन में मृदुल बसंत'। बसंत और बादल निराला के यहाँ जीवन-प्रक्रिया के सबसे बड़े प्रतीक हैं, सागर अज्ञेय के यहाँ। यह सागर अपनी विराटता के बावजूद मनुष्य के प्रेम-व्यापार में शेष प्रकृति के साथ साझीदार होता है। मनुष्य कचरा छोड़ता है, 'जिसे बार-बार / सागर धोता है / आँधी माँजती है / लहरें लीपती हैं, सूरज सुखाता है / समीरण सँवार कर / कहीं बह जाता है / और फिर सागर रह जाता है।' विराट् और साधारण का यह मेल अज्ञेय के उत्तर काव्य में कभी-कभी एक नये प्रकार के भक्ति-पदों की रचना करता है, जहाँ निष्ठा से अधिक संशय और व्यंग है। 'भले आये' की संरचना ऐसी ही है—

राम जी
भले आये—
ऐसे ही
आँधी की ओट में
चले आये
बिन बुलाये।

आये, पधारो।
सिर-आँखों पर।
बंदना सकारो।
ऐसे ही एक दिन
डोलता हुआ आ धमकूँगा मैं
तुम्हारे दरबार में :
औचक क्या ले सकोगे
अपनी करुणा के पसार में?

पद परंपरा होने के कारण तद्भवता-देसीपन यहाँ बोली-बानी में कुछ अधिक घोषित है—'पधारो', 'बंदना सकारो', 'डोलता हुआ', 'पसार में' जैसे खाँटी प्रयोग इसे प्रमाणित करते हैं। फ़रक मनःस्थिति में हैं। 'ऐसो को उदार जग माँही' (तुलसी), 'आजु हौं एक-एक करि टरिहौं' (सूरदास), और 'तुम सम कौन गरीब-नेवाज' (भारतेंदु), 'अशरण-शरण राम। काम के छवि-धाम' (निराला) के बाद 'औचक क्या ले सकोगे / अपनी करुणा के पसार में?' जैसी पंक्तियों में एक भिन्न स्वर उठता है, जो आस्था-अनास्था के बीच बराबर उमड़ता-घुमड़ता रहता है। तर्क और विज्ञान के युग में कवि की भक्ति का यह नया संस्करण है।

विराट् और साधारण का मेल परम तत्त्व की भाँति कवि अपनी रचना-प्रक्रिया में भी दिखाता है। 'सागर-मुद्रा-६' इसी का आख्यान है। सागर की विराटता के सामने है साधारण 'वन-तुलसी की तीखी गंध / ताजे लीपे आँगनों में गोयठों पर / देर तक गरमाये गये दूध की धुईंली बास / जेठ की गोधूली की घुटन में कोयल की कूक'। इस आमने-सामने की टकराहट में रचना का उत्स है। यह टकराहट न होती तो दोनों पक्ष दो अलग-अलग अतीत के प्रति सम्मोहनभाव-चित्र होकर रह जाते। अज्ञेय ने पहले भी यह प्रक्रिया अपनाई है, पर अधिकतर शब्द-समूह के स्तर पर। अब यह बिंब-विधान के व्यापक स्तर पर चलती है और कवि-कर्म की अंतरंग झाँकी दिखाती है। परम तत्त्व और कवि की रचना-प्रक्रिया यों अज्ञेय के यहाँ समान ढंग से बने हैं। यह अवश्य है कि एक जगह इस बनावट में संशय मुखर है दूसरी जगह आश्वस्ति। इस क्रम में सबसे आकर्षक है स्वयं जीवन-प्रक्रिया जो रचना-कर्म और परम तत्त्व की बनावट को समझने के लिए अप्रस्तुत का काम करती है।

प्यार और प्रकृति का मिला-जुला रूप 'सागर मुद्रा' के अंतिम खंड की कविताओं में भी दिखता है, जहाँ देश-दर्शन का पक्ष विशेष रूप से आलोकित हुआ है। 'देलोस से एक नाव' के विषय में कवि ने जो वृत्त आरंभिक भूमिका में बताया है वह हजारीप्रसाद द्विवेदी के प्रख्यात उपन्यास 'बाणभट्ट की आत्म-कथा' की भूमिका की तरह स्वयं रचना का एक अंग हो सकता है, या कि अलग से लेखकीय वक्तव्य भी माना जा सकता है। दोनों रूपों में वह इस कविता-शृंखला को समझने में सहायक है। प्रेम और मानवीय शरीर सौंदर्य की समतुल्य उपासना के देश ग्रीस में कवि ने प्रकृति-वैभव को भी जोड़ा है। तीनों का मेल 'कस्तालिया का झरना' में द्रष्टव्य है, जो अपोलो और कला-देवताओं का तीर्थ जैसा है—

चिनारों की ओट से
सुरसुराता, सरकता

झरने का पानी।
अरे जा! चुप नहीं रहा जाता तो
चाहे जिस से कह दे, जा,
सारी कहानी।
पतझर ने कब की ढँक दी है
धरा की गोद-सी वह ढाल, जहाँ
हमने की थी मनमानी।

प्रेम, शरीर-सौंदर्य और प्रकृति का संगम यदि यूनानी कला-देवताओं का तीर्थ है तो यह उचित है।

'सागर-मुद्रा' जैसा संकेत किया गया, अज्ञेय के उत्तर काव्य की सामान्य धारा से कुछ अलग पड़ती है। परवर्ती संकलनों की कविताएँ फिर पिछली धारा से जुड़ जाती हैं। 'पहले मैं सन्नाटा बुनता हूँ' की लक्षणा उस्ताद बुनकर से ली गई है। सन्नाटे की चादर फ़िराक में 'यादों की चादर' की याद दिला सकती है। ('तबीयत अपनी घबराती है जब सुनसान रातों में / हम ऐसे में तेरी यादों की चादर तान लेते हैं')। पर उर्दू शेर की सीमा और ग़ज़ल के मुक्तक संश्लेषपरक विधान के अनुरूप फ़िराक के यहाँ चादर का सांकेतिक बिंब भर है—हालाँकि स्वयं उर्दू की अपनी साफ़गोई से यह बिंब-विधान एकदम फ़रक है—जब कि अज्ञेय ने इस बिंब की बुनावट को एक और सूक्ष्मतर बिंब की रचना के लिए प्रस्तुत बनाया है। सन्नाटे को बुनने में, कवि बताता है, 'हाथ भरा काम करता है / नक्शा किसी और का उभरता है'। और नक्शा पूरा होने पर जब बनाने वाले कवि को बताया जाता है कि 'कविता तो यह रखी है' तो कवि अपनी उस सखी के लिए दूसरा सन्नाटा बुनता है। यों यह सच्चे अर्थों में कविता की रचना-प्रक्रिया की कविता है। सन्नाटा बुनते-बुनते अंत में फिर कवि पाता है 'मैं सन्नाटे का छंद हूँ'। इस बिंदु पर अज्ञेय की उत्तर काव्य-यात्रा संपन्न होती है। आधुनिक समीक्षा की पदावली में प्रचलित 'बनावट', 'बुनावट' जैसे प्रयोग यहाँ एक नयी सार्थकता पाते हैं।

एकदम सामान्य-साधारण जीवन से ली गई लक्षणा आगे और विकसित होती है 'नाच' में। कविता यहाँ भी प्रस्तुत और अप्रस्तुत दोनों स्तरों पर गतिशील होती है। उल्लेखनीय यह भी है कि कवि की रचना-प्रक्रिया में चलनेवाला देसीपन के प्रति रुझान यहाँ जैसे शीर्ष बिंदु पर पहुँच जाता है। 'नाच', ध्यान देने की बात है, पूरे तौर पर तद्भव और देसी शब्दों से बनी है, उसमें तत्सम प्रयोग एक भी नहीं। यह दावा अज्ञेय की या अन्य कवियों की भी किन्हीं और कविताओं के लिए किया जा सकता है, नहीं कह सकता। हिंदी भाषा की अपनी शक्तिमत्ता का यहाँ बेजोड़ साक्ष्य मिलता है। एकदम सामान्य-साधारण शब्दों से बनी यह कविता एक ओर नाच के उत्सव-उल्लास के पीछे अंतर्निहित करुणा को खोलती है, और फिर उसी से मिले-जुले स्तर पर कलाकार मात्र की वेदना के भोग को उजागर करती है। रचना की ऐसी संश्लिष्ट बनावट छायावादी काव्य, विशेषतः प्रसाद के साथ आधुनिक हिंदी कविता में आती है। 'कानन-कुसुम' तथा 'झरना' में संकलित 'प्रथम प्रभात' एक तरह से इस प्रक्रिया का आरंभ-स्थल कहा जा सकता है। इस कविता में पहली बार बिना किसी श्लिष्ट शब्दावली के प्रयोग के अर्थ के कई मिले-जुले स्तर एक साथ सक्रिय हैं—एक स्तर पर यहाँ प्रातःकालीन प्रकृति का वर्णन है, एक दूसरे स्तर पर प्रथम प्रणय का अंकन है, और एक तीसरे स्तर पर

परम तत्त्व से साक्षात्कार का रूप है। फिर ये स्तर परस्पर क्रिया-प्रतिक्रिया में एक बृहत्तर अर्थ की सृष्टि करते हैं और स्वयं अपनी सत्ता उसी में विलीन कर देते हैं। आधुनिक समीक्षा में इस प्रक्रिया को 'अर्थ का अद्वैत' कहा है। 'प्रथम प्रभात' नामक इस कविता, और इसकी नयी अर्थ-संभावना के अगले विकास-क्रम में दूर तक आसानी से देखा जा सकता है कि यह नया विधान अधिकतर तत्सम शब्दावली पर आधारित हुआ है जहाँ शब्द की मिलती-जुलती कई अर्थ-छायाएँ अनायास उभरती हैं। 'नाच' इस विकास-प्रक्रिया की निष्पत्ति कही जाएगी जहाँ तत्समों को एकदम छोड़कर अर्थ-संभावना तद्भव और देसी शब्दावली में हुई है। छायावाद से नयी कविता तक का यह स्वाभाविक क्रम-विकास है। एक सिरे पर प्रसाद दूसरे पर अज्ञेय। येट्स ने कुछ आध्यात्मिक मुद्रा में कहा कि नर्तक को नृत्य से नहीं समझा जा सकता। अज्ञेय ने रूपक को उल्टे बिंब और रंग में रचा।

देसी की एक और छटा 'मैंने पूछा क्या कर रही हो' में देखी जा सकती है। धीरे-धीरे शब्द-प्रयोग के साथ फिर प्रयोग-भंगिमा में देसीपन उभरता है। यह कविता पति-पत्नी की सीधी सादी गृहस्थी के परिदृश्य और उसके दुख-सुख को व्यंजित करती है, और संश्लिष्ट स्तर पर 'नाच' के प्रतिरूप के तौर पर चलती है। 'नाच' में कलाकार की वेदना का भोग है, 'मैंने पूछा क्या कर रही हो' में वैसा ही वेदना का भोग गृहस्थी चलाने में है। मानवीय रचनाशीलता के यह कई स्तर हैं। कलाकार की रचनाशीलता का आभिजात्य और गृहस्थिन की रचनाशीलता का निपट देसीपन एक-दूसरे के आमने-सामने आकर अपने-अपने वैशिष्ट्य को खोलते हैं। गृहस्थी की शब्द-भंगिमा का यहाँ अपना वैभव है। सामान्य जीवन में रसवत्ता और सार्थकता का संधान नये कवि ने अपने रचना-कर्म का एक विशिष्ट दायित्व माना है। अज्ञेय की कविताओं का यह युग्म इस दायित्व का रचनात्मक स्तर पर पूरा-पूरा निर्वाह करता है।

जो कुछ प्रदर्शित है उसके पीछे क्या-कुछ गुजरा है, इसकी प्रायः अनदेखी होती है। 'नाच' और 'मैंने पूछा क्या कर रही हो' में असाधारण के पीछे इस साधारण को रेखांकित किया गया है, जिस साधारण के अपने अलग तनाव हैं। रस्सी पर नाच दिखाने वाले की पीड़ा है कि लोग उसके नाच को देखते हैं, उसे नहीं—

न मुझे देखते हैं जो नाचता है
न रस्सी को जिस पर मैं नाचता हूँ
न खंभों को जिस पर रस्सी तनी है
न रोशनी को ही जिसमें नाच दीखता है :
लोग सिर्फ़ नाच देखते हैं।

चौके में रसोई बनानेवाली गृहस्थिन की भी यही पीड़ा है—

मैं जो परोसूँगी
जिनके आगे परोसूँगी
उन्हें क्या पता है
कि मैंने अपने साथ क्या किया है?

पहली कविता में तत्सम प्रयोग एक भी नहीं था, कविता के मुख्य भाग में यहाँ भी नहीं है। गौण पंक्तियों में दो-एक प्रयोग व्यंग की मुद्रा में आ गए हैं। इस देसीपन में विश्वास के साथ जैसे रचनाकार ने अपने पिछले तथाकथित पाश्चात्य प्रभाव का मार्जन कर लिया हो।

पूर्व अज्ञेय में यदि व्यक्तित्व और अस्मिता की तलाश है तो उत्तर अज्ञेय में घर की। यह भी एक प्रकार का अंतर है तत्सम और देसी के बीच। 'आँगन के पार द्वार' तक 'भवन' की महिमा थी—

आँगन के पार
द्वार खुले
द्वार के पार आँगन।
भवन के ओर-छोर
सभी मिले—
उन्हीं में कहीं खो गया भवन। *('आँगन के पार')*

अब 'घर' चिंता के केंद्र में है—

मेरा घर
दो दरवाजों को जोड़ता
एक घेरा है
मेरा घर
दो दरवाजों के बीच है
उसमें किधर से भी झाँको
तुम दरवाजे से बाहर देख रहे होगे
तुम्हें पार का दृश्य दीख जायेगा
घर नहीं दीखेगा।

अथवा

नहीं, युलिसीज़
न तुम्हें कभी मिलेगी इथाका
न मुझे कभी द्वारका।
वापसी में यों भी
कोई नगर नहीं मिलते :
प्रवासी लौटते तो हैं
पर उनकी घर-वापसी नहीं होती
जहाँ वापसी होती है वहाँ उनके घर नहीं होते :
उन्हें कोई नहीं पहचानता। *('नहीं, युलिसीज़')*

क्योंकि घर पहचान बनाए रखने का जरूरी साधन है। काशी में वत्सल निधि द्वारा आयोजित 'भारतीय घर' परिसंवाद में भी रचनाकार की यह बुनियादी चिंता देखी जा सकती है। व्यक्तित्व और परिवेश की परस्पर पूरकता का चक्र यहाँ पूरा घूम जाता है कवि की रचनाशीलता को समृद्धतर बनाता। इस स्थिति में बहुत तरह के आवरणों को भेदता हुआ कवि यथार्थ तक पहुँचना चाहता है। अंतिम संकलन 'ऐसा कोई घर आपने देखा है' में रचनाकार का यह उद्यम

जगह-जगह तीव्र होता दिखता है। अब वह पाता है 'चिड़िया को / ज़ितने भी नाम दिये थे / सब झूठे पड़ गये / स्वयं जब बोली चिड़िया / नहीं कहा कुछ मैंने।' वह यह भी समझता है कि 'मैं जो मानता हूँ कि अपने को खूब जानता हूँ। पाता हूँ अपनी ही पहचान / कभी-कभी।' इस क्रम में अहंकार को गलाने की प्रक्रिया 'गलाई' शीर्षक छोटी-सी कविता में बखूबी व्यक्त हुई है। इस छोटे और तीखे विधान के साथ समझ में आता है कि उत्तर अज्ञेय में या तो कविता पूरी तरह बनती है, या फिर बिल्कुल नहीं बनती; बीच की कोई स्थिति नहीं है।

अंतिम संकलन की अंतिम कविता है 'छंद', उसी विधान में जिसका अभी उल्लेख किया गया—

मैं सभी ओर से खुला हूँ
वन-सा, वन-सा अपने में बंद हूँ
शब्द में मेरी समाई नहीं होगी
मैं सन्नाटे का छंद हूँ।

पूर्व अज्ञेय में मौन के अनेक संदर्भ हैं रचनात्मक और विचारपरक साहित्य दोनों में। 'इंद्रधनु रौंदे हुए ये' में कवि ने कहा था—

मौन भी अभिव्यंजना है :
जितना तुम्हारा सच है
उतना ही कहो।

अब 'मौन' अधिक तीखे और चित्रात्मक ध्वनि समूह 'सन्नाटे' में बदल गया है। इस सन्नाटे को सुनने का उपक्रम कई संकलन पहले अज्ञेय ने शुरू किया था 'पहले मैं सन्नाटा बुनता हूँ।' 'सन्नाटे' के जोड़ का यहाँ दूसरा शब्द है 'समाई'—दोनों ठेठ देसी। 'शब्द' के साथ 'समाई' और 'छंद' के साथ मिलकर 'सन्नाटा' एक संपूर्ण अनुभूति-क्रम को संभव करते हैं, जो अपनी प्रक्रिया में अंतहीन हो जाता है। 'समाई' में आत्म-तोष की संकेंद्रता है जो कवि को काम्य नहीं—'सन्नाटे' में है विस्तार जो चाहिए। इन कई तरह की द्वंद्व-प्रक्रियाओं में से फिर अर्थ का अद्वैत होता है जो कवि-कर्म का चरम लक्ष्य है। इस संक्षिप्त कविता के अंतिम द्वंद्व 'सन्नाटे का छंद' में 'छंद' की कई छायाएँ उभर रही हैं—छंद से अभिप्राय एक ओर लय से है तो दूसरी ओर छाने की क्रिया से, और तीसरी ओर छलने से। वे सभी अर्थ-छायाएँ संश्लिष्ट होकर 'छंद' के अर्थ को वन की ही तरह विस्तृत और रहस्यपूर्ण बनाती हैं। फिर सन्नाटे और छंद की ध्वनि की आपस में एक दूसरे से टकराहट है। इन सभी तत्वों के बीच से कवि जैसे अपनी रचना का परिचय दे रहा हो; इनमें से कुछ का संकेत अपनी एक पिछली कविता में वह दे चुका है, जहाँ छलने (छंद) की व्याख्या विशेष ध्यान देने योग्य है—

मैं कवि हूँ

× × ×

मैं सच लिखता हूँ :
लिख लिख कर सब
झूठा करता जाता हूँ।

× × ×

तू काव्य :

× × ×

तू छलता है

पर हर छल में

तू और विशद, अभ्रांत,

अनूठा होता जाता है।

बहुत कुछ ऐसे ही छल के लिए कवि ने अपने को 'सन्नाटे का छंद' कहा है। पहले कवि अपने को महत्त्वपूर्ण मानता था, फिर क्रमशः कविता का महत्त्व बढ़ा, और अब इस अंतिम दौर में जैसे दोनों एक हो गए—कवि स्वयं छंद बन गया। और यह संयोग से कुछ अधिक है कि इस छंद के बाद भौतिक रूप में कवि की ओर से सन्नाटा छा जाता है, छंद की गूँज बढ़ जाती है। शायद यह अज्ञेय की अंतिम कविता हो, जिसे कवि ने अपने समाधि-लेख के रूप में चुना हो।

(iv) अज्ञेय और मुक्तिबोध : 'असाध्य वीणा'—'अँधेरे में'—

समकालीन साहित्यिक परिदृश्य पर बहुत बार अज्ञेय और मुक्तिबोध को एक-दूसरे के प्रतिरोधी चरित्र के रूप में दिखाने की कोशिश की जाती है। तब कई दशकों पहले प्रसाद-प्रेमचंद की जोड़ी की स्थिति याद आती है। इंदौर अधिवेशन वाले भाषण ('काव्य में अभिव्यंजनावाद') के अंत में आचार्य रामचंद्र शुक्ल अपने समकालीन इन दोनों लेखकों की सापेक्ष समीक्षा करते हैं। यह भाषण अभिव्यंजनावाद संबंधी विवेचन के लिए कुछ इतना ख्यात हो गया है कि उस के साथ दी गई वक्ता-लेखक की बहुत सी महत्त्वपूर्ण टिप्पणियाँ विद्वानों की आँख से सहज ओझल हो जाती हैं। समकालीन साहित्य की गतिविधि पर विचार करते हुए—जो ऐसे अभिभाषणों का सामान्यतः एक मुख्य अंश होता है—आचार्य शुक्ल लिखते हैं, संदर्भ नाटक का है—'यह देख कर मुझे अत्यंत आनंद होता है कि प्रसाद जी के नाटकों में इस प्रकार के विकास के पूरे लक्षण मिलते हैं...मेरे देखने में अच्छे सामाजिक नाटकों का अभाव अभी बना है। इस के लिए प्रसाद जी से न कहूँगा। जिस ऐतिहासिक क्षेत्र को उन्होंने लिया है उसी के भीतर उन्हें अपनी प्रतिभा का उत्तरोत्तर विकास करना चाहिए।' आगे उपन्यासों के विकास का परिचय देते हुए आचार्य की टिप्पणी है, 'मेरे देखने में उत्कृष्ट कोटि के ऐतिहासिक उपन्यासों का अभाव ज्यों का त्यों बना है। यदि जयशंकर प्रसाद जी इस ओर भी ध्यान दें तो इस अभाव की पूर्ति बहुत अच्छी तरह हो सकती है। मैं तो अपनी ओर से यही कहूँगा कि सामाजिक उपन्यास का क्षेत्र तो वे प्रेमचंद जी ऐसे लोगों के लिए छोड़ दें जो ऐतिहासिक नाटकों की रचना को 'गड़े हुए मुर्दे उखाड़ना' कहते हैं और स्वयं इतिहास के प्राचीन क्षेत्र में स्वच्छंद क्रीड़ा करने वाली अपनी प्रतिभा को ऐतिहासिक उपन्यासों की ओर प्रवृत्त करें।' यह संभव है कि आचार्य के अनुरोध का पालन करने के लिए उपन्यासकार ने 'इरावती' की रचना आरंभ की हो जो बाद में अधूरी रह गई।

यहाँ रामचन्द्र शुक्ल अपने युग की दोनों मूर्द्धन्य प्रतिभाओं के वैशिष्ट्य की पहिचान करते हैं। समय है १९३५ ई०। 'कामायनी', 'गोदान' दोनों अभी प्रकाशित नहीं हुए हैं। एक सजग समीक्षक के रूप में आचार्य शुक्ल अपने समकालीन दोनों लेखकों की रचना-संभावना की परख कर रहे हैं, आगे का इतिहास जिस परख को पूरी तरह सही प्रमाणित करता

है—प्रसाद इतिहास और संस्कृति के व्याख्याता : प्रेमचंद सामाजिक यथार्थ के चितेरे। अपने युग के पाठकों और आलोचकों से यही दृष्टिकोण अपनाने का आग्रह मैं करूँगा। यह राजनैतिक चुनाव का क्षेत्र नहीं कि हमारे पास एक मत है और उसे हम सिर्फ एक प्रतिद्वंद्वी को दे सकते हैं। यह साहित्य का विराट् प्रवाह है जहाँ अनेक धाराएँ एक-दूसरे से मिलती हैं, और हम सभी का आस्वाद लेते चलते हैं। विविध नदियों में जल एक है, पर अलग-अलग खनिजों के कारण उनके स्वाद और गुण में अंतर है, होना चाहिए। इस पृष्ठभूमि में अज्ञेय और मुक्तिबोध के वैशिष्ट्य को समझने का यत्न अधिक संगत हो सकता है।

'अँधेरे में' और 'असाध्य वीणा' नयी कविता की इन दोनों लंबी कविताओं में रचना-शक्ति की खोज का आख्यान है। दोनों अपने-अपने रचनाकारों की शीर्ष-रचनाएँ कही जा सकती हैं; समकालीन आलोचना में इसी रूप में उनकी पहिचान भी बनी है। इस दृष्टि से दोनों कविताओं को समझने के क्रम में हम उनके रचनाकार के वैशिष्ट्य और अलगाव दोनों को काफी दूर तक समझ सकते हैं। एक में समूचा बिंब-विधान लिया गया है कविता और कवि-जीवन से, दूसरे में संगीत से। 'अँधेरे में' के लंबे खंडों में कवि की समस्या है समाज के उत्थान-पतन और आंदोलनों के बीच अपनी रचना के प्रेरक तत्त्वों का अभिज्ञान और उनकी बनावट की पहिचान : रचना कैसे बाहर से अंदर आती है, और फिर कैसे बाहर दूर-दूर तक परिव्याप्त हो जाती है। कविता का समापन अंश हर ईमानदार कवि का अंतिम वक्तव्य और साक्ष्य हो सकता है—

परम अभिव्यक्ति
लगातार घूमती है जग में
पता नहीं जाने कहाँ, जाने कहाँ
वह है!
इसलिए मैं हर गली में
और हर सड़क पर
झाँक-झाँक देखता हूँ हर एक चेहरा,
प्रत्येक गतिविधि
प्रत्येक चरित्र,
व हर एक आत्मा का इतिहास,
हर एक देश व राजनैतिक परिस्थिति
प्रत्येक मानवीय स्वानुभूत आदर्श
विवेक-प्रक्रिया, क्रियागत परिणति!
खोजता हूँ पठार...पहाड़...समुंदर
जहाँ मिल सके मुझे
मेरी वह खोयी हुई
परम अभिव्यक्ति अनिवार
आत्म-संभवा।

अंतर, जैसा कहा गया, दोनों कविताओं के बिंब-विधान को लेकर उभरता है : 'असाध्य वीणा' में केंद्रीय बिंब संगीत के क्षेत्र का है जहाँ अनुभूति के रचाव पर विशेष बल है, 'अँधेरे में' का केंद्रीय बिंब लेखन-कार्य से जुड़ा हे, मौत की सज़ा का विधान भी इसी पर आधारित है—

किसी काले डैश की घनी काली पट्‌टी ही
आँखों में बँध गयी,
किसी खड़ी पाई की सूली पर मैं टाँग दिया गया,
किसी शून्य बिंदु के अँधियारे खड्डे में
गिरा दिया गया मैं
अचेतन स्थिति में!

'असाध्य वीणा' के अँधरे में संगीतकार की सृजन-प्रक्रिया अनुभूति के तईं अपने को समर्पित करने में है ('सघन निविड़ में वह अपने को / सौंप रहा था उसी किरीटी-तरु को'), जब कि 'अँधेरे में' के नायक के लेखन-कार्य में वैचारिकता के विविध द्वंद्व हैं। अनुभूति और रूपाकार का अद्वैत हासिल करने में संगीत को आदर्श माना गया है, और यह भी कहा गया है कि हर कला की साधना अंततः संगीत की स्थिति प्राप्त कर लेने में है। पश्चिम में यूनानी ट्रैजडी मानवीय सर्जनात्मकता की श्रेष्ठतम उपलब्धि मानी गई है। इस दृष्टि से शास्त्रीय हिंदुस्तानी कंठ संगीत भारतीय सर्जनात्मकता की श्रेष्ठतम उपलब्धि कही जा सकती है। गिनती के सात सुरों के विस्तार और प्रस्तार में सृष्टि की संपूर्ण अनुभूति समाई हुई है; पर वैचारिकता का क्षेत्र लेखन का है। 'असाध्य वीणा' और 'अँधेरे में' सर्जनात्मकता के इन स्तरों को बखूबी रूपायित करते हैं। एक का प्रभाव उसके 'सन्धीत' होने में है, दूसरे का उसके फैलाव में। अपने विधान में ये दोनों कविताएँ परस्पर पूरक ढंग से एक बढ़िया युग्म उपस्थित करती हैं।

मानव जीवन में अभिशाप और नियति की टकराहट सोफ़ोक्लीज़ की यूनानी ट्रैजडी राजा ईडिपस (४३० ई० पू०) जैसी बड़ी रचनाओं का उपजीव्य होता है। इस क्रम में आधुनिक काव्य 'कामायनी' को लिया जा सकता है जो मुक्तिबोध की रचनात्मकता के लिए उत्तेजन और चुनौती दोनों रही है; उसका अपने ढंग से विश्लेषण करते हुए कवि ने एक सांगोपांग अध्ययन प्रस्तुत किया 'कामायनी : एक पुनर्विचार' (१९६१), एक पुस्तक पर केंद्रित जैसी व्यवस्थित समीक्षा हिंदी में कठिनाई से मिलेगी। 'कामायनी' में काम द्वारा मनु को शाप दिया जाता है और यों मानवता अपने जन्म के पूर्व ही अभिशप्त हो जाती है, एक अभिप्राय जो सामी परंपरा के करीब है। बाइबिल में ज्ञान का वर्जित फल चखने के अपराध में आदम और ईव को स्वर्ग के बगीचे से नीचे गिरा दिया जाता है, और इस आदिम अपराध-बोध से मानवता को अंत तक आक्रांत रहना है। शाप का अभिप्राय भारतीय परंपरा में भी है, पुराणों का शायद ही ऐसा कोई ऋषि हो जो शाप न देता हो। पर यहाँ शाप है तो उससे मुक्ति का उपाय भी है, शायद ही ऐसा कोई शाप हो जिसे देने के बाद ऋषि ने उससे मुक्ति का उपाय भी न बता दिया हो। प्रसाद इन दोनों अभिप्रायों का सामंजस्य करते हैं। इड़ा सर्ग में काम के लंबे शाप का प्रसंग है, और फिर अंत में मनु की संकल्प शक्ति का उदय होता है जो शाप को अपने लिए वरदान के रूप में बदलती है। मनु कहते हैं—'लिख दिया आज उसने भविष्य! यातना चलेगी अंत-हीन / अब तो अवशिष्ट उपाय भी न।' और फिर 'नियति-जाल से मुक्ति-दान का उपाय' सोचते हैं।

उनकी नयी सहायक इड़ा उद्‌बोधन करती है—'अपनी दुर्बलता बल सम्हाल, गंतव्य मार्ग पर पैर धरे / मत कर पसार, निज पैरों चल, चलने की जिसको रहे झोंक/ उसको कब कोई सके रोक।' यों मनुष्य अपनी दुर्बलता को ही बल के रूप में विकसित करता है। काम के शाप का सबसे कठोर अंग है कि अभी तक देव सृष्टि तो अजर-अमर थी, परंतु अब मानवीय सृष्टि मरणशील होगी। यह मृत्यु की चुनौती एक ओर मनुष्य में प्रेम करने की क्षमता जगाती है, और दूसरी ओर उसमें सर्जनात्मक शक्ति विकसित करती है। बुनियादी तौर पर ये दोनों प्रक्रियाएँ भी एक-दूसरे से जुड़ी हुई हैं। मनुष्य मृत्यु पर विजयी होता है अपने प्रेम से, और अपनी रचना में जो स्थूल स्तर पर उसकी संतान है, और सूक्ष्म स्तर पर दर्शन, विज्ञान, साहित्य तथा कलाएँ हैं। यों अभिशाप को काम्य नियति के रूप में बदल लिया जाना, पश्चिमी परंपरा से अलग, 'कामायनी' की वस्तु का एक प्रधान तत्त्व है। मनुष्य अपनी मरणशीलता को सर्जनात्मक शक्ति के प्रेरक तत्त्व रूप में स्वीकार करता है। जो अभिशाप था वह अब नियति है, भाग्य के अर्थ में नहीं, एक अज्ञात विराट् लक्ष्य के रूप में।

'अँधेरे में' के चरित-नायक कवि की कोशिश कविता में आरंभतः वर्णित 'मौत की सज़ा' को अंततः 'परम अभिव्यक्ति अनिवार / आत्मसंभवा' के रूप में पहिचानना है, अभिशाप को नियति के रूप में बदल लेना है। यहाँ पहुँच कर रचनात्मकता की खोज पूरी होती है, और फिर आरंभ भी हो जाती है—

इसीलिए मैं हर गली में
और हर सड़क पर
झाँक-झाँक देखता हूँ हर एक चेहरा

'कामायनी' में मनु की तलाश आनंद सर्ग के अंत में अपनी स्वाभाविक निष्पत्ति तक पहुँचती है, 'असाध्य वीणा' के केशकंबली की भी। पर 'अँधेरे में' का अंत खुला हुआ है। जहाँ कविता का अंत होता है वहाँ कवि की तलाश फिर शुरू हो जाती है—

खोजता हूँ पठार...पहाड़...समुंदर
जहाँ मिल सके मुझे
मेरी वह खोयी हुई
परम अभिव्यक्ति अनिवार
आत्म-संभवा।

रचना-प्रक्रिया की बड़ी सटीक पहिचान 'अँधेरे में' हुई है। पहले भूमि की सतह के नीचे बिखरे हुए रत्नों की राशि चरित-नायक देखता है और पहिचानता है—"दीप्ति में तलयित रत्न वे नहीं हैं / अनुभव, वेदना, विवेक-निष्कर्ष / मेरे ही अपने यहाँ पड़े हुए हैं।" यह सामाजिक अवचेतन से कवि की गहरे जुड़ी चेतना है। दूसरी ओर गांधी उसे संदेश देते हैं—"जनता के गुणों से ही संभव / भावी का उद्‌भव..."। यह भविष्यत् की चेतना का आख्यान है। कविता के समापन-अंश में रचना-शक्ति का सामान्य जन जीवन में, 'लोगों की भीड़' में विलय हो जाता है—

एकाएक वह व्यक्ति
आँखों के सामने

गलियों में, सड़कों पर, लोगों की भीड़ में
चला जा रहा है।
वही जन जिसे मैंने देखा था गुहा में।
धड़कता है दिल
कि पुकारने को खुलता है मुँह
कि अकस्मात्—
वह दिखा, वह दिखा
वह फिर खो गया किसी जन यूथ में...
उठी हुई बाँह यह उठी रह गयी!!

अंदर और बाहर, गुहा और भीड़ की अंतर-प्रक्रिया में रचना-शक्ति की पहिचान का उपक्रम यों चलता रहता है। कवि की अनखोजी रही 'परम अभिव्यक्ति'—जिसे कवि गुरु-स्थानीय मानता है : 'मैं उसका शिष्य हूँ। वह मेरी गुरु है'—शक्ति का यह विराट् रूप है जो गुहा से निकल कर भीड़ में मिल जाता है, और जहाँ से कवि की खोज फिर शुरू होती है—

खोजता हूँ पठार...पहाड़....समुंदर

दोनों कविताओं की वस्तु और विधान ही नहीं उनके शीर्षक भी सर्जन-प्रक्रिया के अन्वेषण को संकेतित करते हैं। 'अँधेरे में' सृजन का आवश्यक परिवेश और संदर्भ है। 'असाध्य वीणा' को साधने के क्रम में कलाकार भी अपने को 'सघन निविड़' में उतारता है। अंदर और बाहर की अंतर-प्रक्रिया इन दोनों लंबी कविताओं में रचनात्मकता का उत्स है। 'असाध्य वीणा' के लंबे खंड में साक्षात्कार-प्रक्रिया के जो विविध रूप अंकित हुए हैं 'अन्न की सौंधी खुदबुद' से लेकर 'प्रलय का डमरु-नाद' तक उन्हें मुक्तिबोध 'हर गली में', 'हर सड़क पर', 'हर एक चेहरा' झाँक-झाँक देखते हैं कि कहीं वह 'परम अभिव्यक्ति अनिवार' मिल जाय। 'असाध्य वीणा' में संगीत के साक्षात्कार संबंधी चित्रों का वैविध्य पहले अंकित कलाकार के अपने जीवनानुभव के वैविध्य से तुलनीय है—

''हाँ मुझे स्मरण है :
बदली-कौंध-पत्तियों पर वर्षा-बूँदों की पट-पट।
घनी रात में महुए का चुपचाप टपकना।
चौंके खग-शावक की चिहुँक।
शिलाओं के दुलराते पन झरनों के
द्रुत लहरीले जल का कल निनाद।
कुहरे में छनकर आती
पर्वती गाँव के उत्सव-ढोलक की थाप।

पर अंदर और बाहर की टकराहट में गुणात्मक महत्त्व दोनों कविताओं में अंदर का ही ठहरता है। मुक्तिबोध कविता की अंतिम पंक्ति में अपनी 'परम अभिव्यक्ति अनिवार' को समाज की हर टकराहट के बाद और बावजूद 'आत्म-संभवा' कहते हैं। इस अंतिम अंश की तुलना 'असाध्य वीणा' के समापन-अंश से करने योग्य है, जहाँ कलाकार अपनी सृजन-प्रक्रिया का

रहस्य समझाता है—

> **"श्रेय नहीं कुछ मेरा :**
> **मैं तो डूब गया था स्वयं शून्य में—**
> **वीणा के माध्यम से अपने को मैंने**
> **सब कुछ को सौंप दिया था—**
> **सुना आपने जो वह मेरा नहीं,**
> **न वीणा का था :**
> **वह तो सब कुछ की तथता थी—**
> **महाशून्य**
> **वह महामौन**
> **अविभाज्य, अनाप्त, अद्रवित, अप्रमेय**
> **जो शब्दहीन**
> **सब में गाता है।"**

मुक्तिबोध की 'परम अभिव्यक्ति, जग में लगातार घूमती' हुई 'आत्म-संभवा' है, अज्ञेय के लिए वही 'सब कुछ की तथता', 'अविभाज्य' और 'अनाप्त' हो जाती है। जो 'अनाप्त' है वही 'आत्मसंभवा' हो सकती है। और यों दोनों कविताओं में वर्णित सृजन-प्रक्रिया संपन्न एक बिंदु पर होती है। उठान दोनों की अलग-अलग है, पर विस्तार और निष्पत्ति में दोनों एक दूसरे के बहुत करीब हैं। सृजन-प्रक्रिया को वस्तु-रूप में लेकर चलने वाली ये कविताएँ अनायास दोनों कवियों का सम्मिलित काव्यशास्त्र बन जाती हैं।

(v) नयी कविता और अज्ञेय

नयी कविता पद अब एक व्यापकतर अर्थ में प्रयुक्त होता है, जिसमें कविता ही नहीं वरन् उसे पूरे रचना-युग की प्रवृत्तियाँ व्यंजित होती हैं, जिन्हें समष्टि रूप में 'नवलेखन' भी कहा गया है। इन रचनाकारों की क्षमता किसी एक माध्यम में नहीं अँट सकी है। कविता, उपन्यास, नाटक, एक खास अर्थ में कहानी, गद्य-रूप, साहित्य-चिंतन इन सभी माध्यमों में अभिव्यक्ति की नयी तलाश जारी रही है। कविता इन सबके केंद्र में है तो इसलिए कि कविता की भाषा सबसे अधिक सर्जनात्मक होती है, और इसी माने में कविता सबसे अधिक साहित्य है।

नयी कविता में मनुष्य और उसके समग्र अनुभव को पकड़ने का यत्न हुआ है। यों मनुष्य को उसकी संपूर्णता में देखने और समझने की प्रतिज्ञा हर नये वैचारिक और रचना-आंदोलन ने की है—१५वीं शती के यूरोपीय पुनर्जागरण से लेकर २०वीं शती की हिंदी छायावादी कविता तक। पुनर्जागरण का प्रधान बल समग्र मनुष्य ('होल मैन') की धारणा पर था, आधुनिक हिंदी कवि भी कहता है कि जाति, वर्ण, संस्कृति, समाज से 'मूल व्यक्ति' को फिर से चाल कर निकाला जाए!

पर नयी कविता में समग्र मनुष्य की बात ही नहीं कही गई, वरन् मनुष्य के समग्र अनुभव-खंडों को संयोजित किया गया है। यह स्मरणीय है कि हिंदी साहित्य के समूचे इतिहास में नयी कविता युग का साहित्य पहली बार स्वाधीन और प्रजातांत्रिक देश में रचा

गया है। यहाँ केवल वीर और शृंगार जैसे रसों में जीवन सीमित नहीं रह गया, वरन् छोटे-से-छोटे समझे जानेवाले अनुभव-कणों की प्रासंगिकता पहिचानी गई है। अनुभूति का जनतांत्रीकरण नयी कविता की मौलिक विशेषता कही जा सकती है। संस्कृत साहित्य में धीरोदात्त, विशिष्ट व्यक्तित्व—जाति और कर्म दोनों दृष्टियों से—रचना के केंद्र में था, महाकाव्य का नायक होने के लिए यह बुनियादी शर्त थी। उन्नीसवीं-बीसवीं शती के भारतीय पुनर्जागरण ने सामान्य और इतिहास-तिरस्कृत चरित्रों को विशिष्टता दी—मेघनाद, कैकेयी, उर्मिला, कर्ण और एकलव्य को इस प्रक्रिया में महत्त्व मिला। आधुनिक साहित्य तक आते-आते चक्र पूरा घूम जाता है। अब साधारण चरित्र के वैशिष्ट्य को नहीं, उसके साधारण जीवन को ही रेखांकित करने का प्रयत्न है। इसी को नयी कविता के प्रतिनिधि कवि रघुवीरसहाय ने कहा है, "हम तो सारा का सारा लेंगे जीवन / 'कम से कम' वाली बात न हमसे कहिए।" 'सारा का सारा जीवन' की विराटता को इन रचनाकारों ने आत्मीय बनाया है! मुक्तिबोध की पंक्तियाँ हैं—

जिंदगी में जो कुछ है, जो भी है
सहर्ष स्वीकारा है;
इसलिए कि जो कुछ भी मेरा है
वह तुम्हें प्यारा है।
गरवीली गरीबी यह, ये गँभीर अनुभव सब,
यह विचार वैभव सब;
दृढ़ता यह, भीतर की सरिता यह अभिनव सब
मौलिक है, मौलिक है;
इसलिए कि पल-पल में
जो कुछ भी जागृत है, अपलक है—
संवेदन तुम्हारा है!!

यहाँ 'गरवीली गरीबी' का प्रयोग बरबस ध्यान खींचता है, और भारतीय जिंदगी तथा समाज की एक बहुत बड़ी शक्ति को उजागर करता है। नयी कविता इस 'सारे के सारे जीवन' और 'गरवीली गरीबी' का काव्य है। तुक, छंद यहाँ तक कि भाषा की अपनी लय के अलावा संगीतात्मक लय तक को छोड़ कर, वह कविता का अधिक से अधिक केंद्रीय और स्वायत्त रूप है।

इस प्रसंग में अज्ञेय और नयी कविता के पारस्परिक संबंध को समझना जरूरी है। वर्तमान अर्थ में 'नयी कविता' नामकरण एक रेडियो वार्त्ता में अज्ञेय का किया हुआ है (१९५२), जिसका प्रकाशन 'नये पत्ते' पत्रिका के जनवरी-फ़रवरी १९५३ के अंक में हुआ। और प्रयाग में नये लेखकों की गोष्ठी 'परिमल' (स्थापित : १९४४) से भी अज्ञेय का निकट संबंध रहा है। सच तो यह है कि अज्ञेय और 'परिमल' के निकट संबंधों ने मानो प्रयोगवाद से नयी कविता का संक्रमण संभव बनाया। पर नयी कविता के साथ अज्ञेय के संबंधों में कभी-कभी तनाव भी आया है। यह जरूर है कि लेखक के मन में इस तनाव का अनुभव व्यक्तिगत अथवा व्यावहारिक स्तर पर न होकर रचनात्मक स्तर पर ही अधिक लगता है। इस प्रसंग में नये कवि को संबोधित अज्ञेय की एक कविता 'नये कवि के प्रति' उल्लेखनीय है, जो पहले

'कल्पना' में छपी और फिर बाद में 'अरी ओ करुणा प्रभामय' में संकलित हुई। वस्तु के धरातल पर इस कविता में नये कवि के प्रति व्यंग, विद्रूप और आक्रोश की अभिव्यक्ति हुई है। इसे और इस प्रकार की दो-एक अन्य कविताओं को लेकर नये लेखकों में एक विक्षोभ और उत्तेजना का वातावरण फैला, पर अज्ञेय इस विवाद में नहीं पड़े, और वह असुखद प्रसंग समाप्त हो गया।

नयी कविता के संक्रमण और विकास को अज्ञेय ने संभव बनाया, और उसे सहयोग दिया। पर बाद में उसकी चुनौती भी उन्होंने महसूस की; इससे उनकी सर्जनात्मक क्षमता को प्रेरणा और उत्तेजना मिली है। अज्ञेय की उत्तरकालीन रचनाओं में संस्कृत और अँग्रेजी से प्रेरित भाषा के आभिजात्य से जो विमुखता है, उसके पीछे किसी हद तक रघुवीरसहाय, सर्वेश्वरदयाल सक्सेना, लक्ष्मीकांत वर्मा और विपिन अग्रवाल जैसे नये कवियों का नैतिक समर्थन समझा जा सकता है। नयी कविता की चुनौती से अज्ञेय को रचनात्मक बल मिला, यह दोनों ओर की प्रखर गतिशीलता और गहरी सर्जनात्मकता का ही प्रमाण है।

■

५

उत्तर दृश्य

(i) समकालीन कविता की दशा : अज्ञेय के बाद

बीच-बीच में अपने समय की कविता पर विचार करते रहना जितना उसके स्वस्थ रहने का लक्षण है उतना ही उसके अस्वास्थ्य की चिंता भी है। कुछ समय पूर्व, याद पड़ता है, कि किसी अँग्रेजी पत्र में पढ़ा था कि ब्रिटिश संसद् के उच्च सदन—हाउस ऑफ लार्ड्स में एक लंबी बहस रखी गयी थी कविता की स्थिति पर विचार करने के लिए। वह विचार-प्रक्रिया निश्चय ही उस संसद् के योग्य थी। इस बहस में एक मान्य सदस्य ने यह विचार व्यक्त किया कि उनके जातीय जीवन में कविता का स्थान कम होता गया है, और यह चिंता की बात है। सदस्य महोदय का आग्रह था कि कविता को ब्रितानी जीवन में और महत्त्व मिलना चाहिए। इस प्रसंग में उन्होंने कवि की उक्ति दुहरायी Man must have time to stand and stare. अर्थात् मनुष्य को कुछ देर थमने और इधर-उधर निहारने का समय मिलना चाहिए। बहस के इस हिस्से को पढ़कर कुछ रोचक भी लगा था कि जिस जाति ने औद्योगिक क्रांति के माध्यम से समूची मानव जाति को एक अनोखी आपाधापी में डाल दिया है, वे ही लोग अब इस बात के लिए चिंतित हैं कि मनुष्य को कुछ समय अपने लिए इधर-उधर निहारने को होना चाहिए।

हमारे देश की चिंता कविता को लेकर अभी ऐसी नहीं है, यद्यपि औद्योगिक और तकनीकी दबाव हमारे ऊपर भी तेज़ी से बढ़ रहा है। पर इस तकनीकी दबाव ने एक और समस्या उत्पन्न की है, जो कविता की प्रकृति को छेड़ रही है। यह समस्या भी कविता-मात्र की है, पर हमारी परंपरा और ऐतिहासिक परिस्थिति में वह एक खास ढंग से उभरी है। तकनीक ने तरह-तरह की दूरियाँ कम की हैं और अनुभव के पकाने में समस्याएँ खड़ी की हैं। अभी तक समाचार-पत्र, रेडियो और फ़िल्म ऐसे माध्यम थे जिनसे संचार की गति में सहसा तीव्रता आयी थी। अब दूरभाष-दर्शन और सैटलाइट के प्रसारण ने सारे संसार के घटना-क्रम को हर जगह तात्कालिक बना दिया है। परिणाम इसका यह हुआ कि अब सूचनाएँ हमें तत्काल मिलती हैं, पर उन सूचनाओं के अंबार में से अनुभूति का निथरना मुश्किलतर हो गया है। वर्ड्सवर्थ ने जो कहा था 'Emotion recollected in tranquillity'. या फिर प्रसाद का 'आँसू'—

जो घनीभूत पीड़ा थी मस्तक में स्मृति-सी छायी,
दुर्दिन में आँसू बनकर वह आज बरसने आयी,

यह रचना-प्रक्रिया अब धीरे-धीरे अपने ताप में घट रही है। अनुभव का अनुभूति में बदलना और अनुभूति का कविता हो जाना, यह एक लंबी प्रक्रिया है। संचार साधनों की तीव्रता इसमें बाधक हुई है। अज्ञेय ने रचना-प्रक्रिया पर कई जगह लिखा है। एक प्रसिद्ध अंश है—

बूँद स्वाती की भले हो
बेधती है मर्म सीपी का उसी निर्मम त्वरा से
वज्र जिससे फोड़ता चट्टान को
भले ही फिर व्यथा के तम में
बरस पर बरस बीतें
एक मुक्ता-रूप को पकते।

यह मुक्ता-रूप का पकना आज की आपाधापी में मुश्किल हुआ है। आलोचक ने अन्यत्र लिखा है कि अनुभव का अनुभव अनुभूति है, और फिर अनुभूति का अनुभव कविता है। जाड़ा लगना अनुभव है, और यह कि जाड़ा लग रहा है, अनुभव का अनुभव है यानी अनुभूति या कि भाषा है। फिर इस अनुभव के अनुभव का अनुभव कवि के यहाँ संभव होता है—

शिशिर की शर्वरी
हिंस्र पशुओं भरी।

प्लेटो इस प्रक्रिया को शायद कहता कि यह यथार्थ से तिहरी दूरी पर है। पर वस्तुतः यह तिहरी दूरी नहीं, अनुभव की तिहरी पर्त है, या कि अनुभव संश्लेष है, जो यथार्थ से आगे यथार्थतर और यथार्थतम रूप है। किंतु 'फ्यूचर शॉक' या भविष्य के धक्के के इस युग में अनुभव का संश्लिष्ट और सघन होना ही कठिन हो गया है। आज तो लगता है कि चमड़ीभर के स्तर पर हम जी पा रहे हैं। ऐसे में कविता की दशा सचमुच विचारणीय है।

और कविता ही नहीं, भाषा के अपने अस्तित्व की भी समस्या है। आधुनिक संचार साधनों में दो वृत्तियाँ देखी जा सकती हैं—एक तो तात्कालिकता, और दूसरे दृश्य चित्रों का त्वरा से बदलना। तात्कालिकता का गुण तो संचार माध्यम मात्र की विशेषता है, पर दूसरी वृत्ति फिल्म, टेलीविज़न और अब रंगीन कॉमिक प्रकाशनों में देखी जा सकती है। इन माध्यमों ने भाषा के परंपरागत रूप को आहत किया है। वर्ण अब वर्णमाला के रूप में नहीं है, रंग के अर्थ में जैसे सीमित हो गया हो। इन माध्यमों ने, और किसी क़दर सीधे दूरभाष प्रणाली ने, जैसा कि एक टिप्पणीकार ने कहा है, प्रौढ़ साक्षरों की एक नयी जमात पैदा कर दी है। ये वर्णमाला-वाली भाषा से विमुख होते जा रहे हैं। उन्हें या तो भाषा सुनाई देती है, या चित्रों के रूप में दिखाई देती है। भाषा से सीधा साक्षात्कार उनका बहुत कम होता है। इस प्रवृत्ति ने भी सूचना की तात्कालिकता पर अधिक बल दिया है, अनुभव के पकने से उनका सरोकार कम होता गया है। कुल मिलाकर इन परिस्थितियों में अनुभूति के ऊपर सनसनी का महत्त्व बढ़ा है। और सनसनी की मात्रा स्वभावतः मादक पदार्थों की मात्रा की तरह बढ़ती जा रही है। इसके साथ यह भी लक्षित किया जा सकता है कि हिंसा—हर प्रकार की—बढ़ती पर है। भाषा का संस्कार कम होने पर उसके स्थूल स्थानापन्न के रूप में हिंसा बढ़े, तो शायद यह भी ठीक क्रम ही है। कविता, जो सनसनी को प्रशमित करने का एक सभ्य उपाय मानवता ने आविष्कृत किया था, अब क्रमशः सनसनी से और हिंसा से चतुर्दिक घिरती जा रही है। कविता भाषा का अधिकतम सघन और सर्जनात्मक रूप है और जब भाषा स्वयं बचाव की मनोदशा में हो तो कविता को सुरक्षित रखना संस्कृति के लिए एक बहुत बड़ी चुनौती हो जाती है।

समकालीन हिंदी कविता में ये दबाव कई रूपों में दिखते हैं। एक तो सपाटबयानी की वृत्ति और दूसरे व्यंग्य की मुद्रा। पर यहाँ तक आने के पहले आधुनिक कविता के कुछ

आरंभिक चरणों की विवेचना जरूरी होगी।

इसके लिए अलग-अलग चरणों से तीन संध्या-चित्र उपस्थित किये जा रहे हैं। पहला चित्र आधुनिक खड़ी बोली कविता के प्रथम महाकाव्य 'प्रियप्रवास' से है। हरिऔध का यह वर्णन हमारी कविता के इतिहास में काफी प्रसिद्ध है—

दिवस का अवसान समीप था
गगन था कुछ लोहित हो चला
तरु-शिखा पर थी अब राजती
कमलिनी-कुल-वल्लभ की प्रभा।

यह संध्या-चित्र एकदम सीधा-सादा वर्णन है। तत्सम शब्दावली के आग्रह के बावजूद काव्य-भाषा इतिवृत्तात्मक है। दिन डूबना, आकाश का कुछ लोहित हो जाना, और वृक्षों की फुनगियों पर डूबते हुए सूर्य की अंतिम किरणों का पहुँचना, यही सीधा दृश्यालेख है। इस इतिवृत्त-प्रधान कविता के बाद छायावाद का आगमन होता है। सुमित्रानंदन पंत का प्रसिद्ध संध्या-चित्र है 'एक तारा'—

तरु-शिखरों से वह स्वर्ण-विहग / उड़ गया;
खोल निज पंख सुभग,
किस गुहा-नीड़ मे रे किस मग!

प्रस्तुत एकदम वही है जो हरिऔध के लिए था। पर अब पंत की भाषा लाक्षणिक हो गयी है। हरिऔध ने डूबते सूर्य की किरणों का लाल रंग वृक्ष की चोटी पर देखा था। सुमित्रानंदन पंत के लिए वह लालिमा मात्र न रहकर एक 'स्वर्ण-विहग' बन गया है, जो धीरे-धीरे सूर्य के अस्त होते-होते उड़कर जैसे अपने नीड़ में विश्राम के लिए पहुँच गया हो। यों पहले का सीधा वर्णन अब एक लाक्षणिक प्रयोग में बदल गया है। इसके बाद आते हैं प्रयोगशील नये कवि शमशेरबहादुर सिंह। शाम के रंगों का चित्रण इनके यहाँ भी कई रूपों में हुआ है। यहाँ प्रस्तुत है 'एक पीली शाम'—

एक पीली शाम
पतझर का जरा अटका हुआ पत्ता
शांत
मेरी भावनाओं में तुम्हारा मुखकमल
कृश म्लान हारा-सा
(कि मैं हूँ वह
मौन दर्पण में तुम्हारे कहीं?)

× × ×

अब गिरा अब गिरा वह अटका हुआ आँसू
सांध्य तारक-सा
अतल में।

यहाँ संध्या का रूप संश्लिष्टतर होता है, तीन अनुभव-चित्र एकसाथ बँट दिये गये हैं। शाम का

रंग भी बदला है—लोहित से सुनहला और सुनहला से पीला! यानी रंगों के मेल में से लालिमा हल्की हुई है और पीलापन क्रमशः बढ़ता गया है, जिसके पीछे स्पष्ट ही समकालीन यथार्थ का आग्रह है। कविता के तीन अनुभव-चित्रों में से पहला पतझर में डाल से ज़रा अटका हुआ पत्ता, दूसरा है आँख में अटका हुआ आँसू और तीसरा है सध्या-तारा जो डूबने-डूबने को है। यहाँ न ध्वनि-शास्त्री का कोई मुख्यार्थ है और न कोई व्यंग्यार्थ, और न ही एलियट को दृष्टि से कोई अलग मनोभाव है, और न कोई अन्य 'ऑब्जैक्टिव कोरिलेटिव'। एक प्रकार से हम कह सकते हैं कि प्रस्तुत-अप्रस्तुत विधान का जो द्वैत अब तक काव्य-चिंतन में चला आ रहा था वह एकबारगी डूब जाता है। अब जैसा कहा गया, ये तीनों अनुभव-सूत्र एक साथ बँट दिये गये हैं, तीन बिंब एक के ऊपर एक आरोपित हैं। जटिलतर और संश्लिष्टतर होती अनुभूतियों के क्रम को पाठक एक-साथ साक्षात्कृत करता है। यह नयी कविता के रचना-विधान की महत्त्वपूर्ण और गुणात्मक उपलब्धि कही जा सकती है।

पर समकालीन कविता इस विकास को आगे कई कारणों से साध नहीं पा रही। खड़ी बोली काव्यभाषा मैथिलीशरण गुप्त से लेकर (भारतेंदु तो कविता ब्रजभाषा में ही लिखते रहे) नयी कविता तक अपूर्व क्षमता विकसित कर लेती है, और उसके साथ-साथ उसका रचना विधान अर्थ की दृष्टि से सघन और सर्जनात्मकता होता गया है। पर नयी कविता के बाद यह काव्यभाषा दो विरोधी मोड़ों पर घूमती नजर आती है। एक ओर तो कविता को बयान की शक्ल में पेश किया गया है—'धूमिल' ने अपने संकलन 'संसद से सड़क तक' के मुखबंध में कविता को पहले और मूलतः बयान माना है। ज़ाहिर है कि कविता के इस रूप में वक्तृत्व को, यानी बात को फैलाकर और चुटीले ढंग से कहने को अनुभूति-संघनन के ऊपर महत्त्व मिला है। 'चौथा सप्तक' की भूमिका में अज्ञेय को भी शिकायत है कि वहाँ संकलित कविताएँ बोलती अधिक और कहती कम हैं। समकालीन कविता की एक दूसरी मुद्रा है व्यंग्य की। यह व्यंग्य या कि 'आयरनी' का रूप नयी कविता में भी था, एक उपकरण के रूप में, पर बाद में चलकर उसे पूरे विधान के केंद्र में रख दिया गया। यह कुछ वैसे ही हुआ जैसे आप हर समय बिराते हुए-चलें, किसे? शायद सारे संसार को, और अंततः अपने आप को भी!

तो इन दोनों विधानों में यथार्थ की पकड़ अतिरंजित होकर छूट जाती है। एक स्थिति में वह यथार्थ का अतिसरलीकरण करती है तो दूसरी ओर उसे विद्रूप करती है। और रोचक विडंबना यह है कि दोनों प्रक्रियाएँ यथार्थ पर बल देने के आग्रह में विकसित हुई हैं। यथार्थ के बहुआयामी और बहुस्तरीय रूप को समझने के बजाय कविता के ये दोनों मोड़ किसी न किसी आग्रह के साथ उसके एकपक्षीय रूप को ही अपना गंतव्य मानते हैं। समकालीन जीवन में राजनीति के बेअनुपात महत्त्वशाली होते जाने की ये परिणतियाँ हैं। राजनीति से लगाव बयानबाजी को फैलाता है, और उससे अरुचि व्यंग्य की मुद्रा में फूटती है।

तब कविता का राजनीति से क्या रिश्ता बने? जो यह मानते हैं कि समाज को बदलने में कविता एक अस्त्र के रूप में प्रयुक्त की जा सकती है, की जानी चाहिए, वे कविता को पक्षधर मानकर चलते हैं। यानी उनकी निगाह में कविता स्वयं अपना कोई पक्ष नहीं बनाती, नहीं बना सकती, और उसे अनिवार्यतः पहले से दिये हुए पक्षों में से किसी एक को धारण करना है। समाज परिवर्तन की प्रक्रिया में कविता की क्या स्थिति है, यह एक विचारणीय प्रश्न है, विशेषतः समकालीन कविता के आग्रहों के संदर्भ में।

इस विवेचन के लिए निराला के दो उद्धरण लिये जा सकते हैं। दोनों उनके उत्तरकालीन काव्य के हैं, और रामविलास शर्मा द्वारा संपादित निराला की प्रतिनिधि कविताओं के संकलन 'रागविराग' से लिये गये हैं। पहला अंश 'बेला' संकलन से है—

जल्द-जल्द पैर बढ़ाओ, आओ, आओ!
आज अमीरों की हवेली
किसानों की होगी पाठशाला,
धोबी, पासी, चमार, तेली
खोलेंगे अँधेरे का ताला,
एक पाठ पढ़ेंगे, टाट बिछाओ!

दूसरा गीत 'गीत गुंज' से है—

जिधर देखिए श्याम विराजे।
श्याम कुंज-वन, यमुना श्यामा,
श्याम गगन, घन वारिद गाजे
श्याम धरा, तृण गुल्म श्याम हैं
श्याम सुरभि अंचल दल साजे
× × ×
श्याम काम, रवि श्याम मध्य दिन,
श्याम नयन काजल के आँजे
श्रुति के अक्षर श्याम देखिए,
दीपशिखा पर श्याम निवाजे,
श्याम तामरस, श्याम सरोवर
श्याम अनिल छवि श्याम सँवाजे।

स्वभावत: प्रश्न उठता है कि इन दोनों उद्धरणों की संवेदना में परस्पर क्या सामंजस्य है। पहली कविता परिवर्त्तन-कामिता को सीधे चित्रित करती है, दूसरी में साधक-मन की विराट अद्वैतमूलक अनुभूति है। अब यदि सर्वत्र श्याम है तो किसानों की झोपड़ी में भी है और अमीरों की हवेली में भी। फिर यह परिवर्तन की तीव्र इच्छा क्यों? क्या दूसरा उद्धरण पहले को काट नहीं देता?

इस जिज्ञासा के मूल में जाने पर एक और गहरा प्रश्न उभरता है—साहित्य विचार है या अनुभव? यदि विचार है तो सीधे विचार को प्रभावित करेगा, और यदि अनुभव है, जहाँ विचार को भी गलाकर अनुभव में रूपांतरित किया गया है, तो वह अनुभव को स्पर्श करेगा। विचार जल्दी बदलता है, संस्कार क्रमश:। साहित्य कठिन काम करता है संस्कारों को बदलने का। विचार को बदलने का काम है दर्शन का, या कि व्यावहारिक क्षेत्र में राजनीति का। अब हम प्रश्न के केंद्र में आ जाते हैं—क्या संबंध है साहित्य या कि कविता का राजनीति से? इस संदर्भ में सबसे स्पष्ट और निर्भ्रान्त धारणा प्रेमचंद की है, जिनके साहित्य के बारे में कहा जा सकता है कि उसने उत्तर भारत के जीवन को बदला है, बिना इस गुमान के कि हमें जीवन

का बदलना है। प्रेमचंद ने अपने प्रगतिशील लेखक संघ के अभिभाषण में कहा था 'वह (अर्थात् साहित्य) देशभक्ति और राजनीति के पीछे चलनेवाली सचाई भी नहीं, बल्कि उनके आगे मशाल दिखाती हुई चलनेवाली सचाई है।' यहाँ मशाल के बिंब पर ध्यान दें। मशाल जलती भी है और जलाती भी है—एक मात्रा का फ़र्क है। पर प्रेमचंद के लिए साहित्य जलनेवाली मशाल है जलानेवाली नहीं। वह राजनीति की पथ-प्रदर्शक और उसे आलोक देनेवाली है। साहित्य उनके लिए पक्षधर या हथियार नहीं, विवेक और अन्वेषण की प्रतीक मशाल है। ठीक इसी स्वर में आचार्य रामचंद्र शुक्ल ने अपने इतिहास में लिखा है, 'साहित्य को राजनीति के ऊपर रहना चाहिए, सदा उसके इशारे पर ही न नाचना चाहिए।' साहित्य और राजनीति के संबंधों में तनाव जितना बढ़ता गया है रचनाकार ने अपने आपको उतने ही बल के साथ रचना के पक्ष में प्रक्षिप्त किया है। साहित्य में और कविता में विशेषत: आधुनिक चेतना के वाहक अज्ञेय का मानना है, 'लेखक अनिवार्यत: सामाजिक क्रांतिकारी है, इस किशोर-मोह से मैंने छुटकारा पा लिया है। लेखक सिवा अपने के कुछ को नहीं बदलता।' दृष्टिकोण के साथ-साथ बड़ा टनटनाता वाक्य-विन्यास यहाँ सुनने को मिलता है, 'लेखक सिवा अपने के कुछ को नहीं बदलता।' ध्वनि स्पष्ट है कि रचना-कर्म से बदलता वह स्वयं को है समाज को तो संस्कारित करता है। साहित्य का प्रभाव बंबइया फ़िल्म की तरह आक्रामक नहीं होता, जो जितने वेग से चढ़ता है वैस ही उतर जाता है। रचना यदि रचनाकार के मन में पकने का समय लेती है तो पाठक के मन में भी संक्रमित होने का समय लेती है। और यों एक व्यक्तित्व क्रमश: दूसरे का अंग बन जाता है।

तो हमारी जिज्ञासा का समाधान कैसे होता है? निराला के दो उद्धरण, जो पहले रखे गये, एक दूसरे से कैसे जुड़ते हैं? कविता की इस समस्या का उत्तर निराला के समकालीन और वरिष्ठ कवि जयशंकर प्रसाद की कविता में अनायास मिलता है। प्रसाद के 'झरना' के मुख बंध में एक कविता है 'परिचय'। आरंभिक तीन पंक्तियों में जिज्ञासा है, और अंतिम में उसका समाधान—

उषा का प्राची में आभास।
सरोरुह का सर बीच विकास॥
कौन परिचय था? क्या संबंध?
'गगन मंडल में अरुण विलास'॥

आकाश की लालिमा सरोवर के कमल की पंखुड़ियों में खिल उठती है, कुछ ऐसा ही संबंध रचना और उसके पाठक या कि श्रोता के बीच है।

यह संबंध निश्चय ही जटिल है और सिर्फ बयान या कि 'आयरनी' के माध्यम से संभव नहीं। इसके लिए समकालीन कवि को अपनी भाषा में मूलत: निष्ठा रखनी है। साधारण भाषा में साधारण अनुभूति की पहिचान करनी है। असाधारणता अथवा विशिष्टता न भाषा में है, न अनुभूति में, वह है उसकी पहिचान में, जो उन दोनों की अंतर-प्रक्रिया में बनती है।

समकालीन कविता की दशा इस समस्या से सीधे जुड़ी हुई है, और इसी के समाधान में उसका दिशा-संधान निहित है। १९४३ ई० में अज्ञेय द्वारा संपादित 'तारसप्तक' का प्रकाशन हुआ था, जहाँ से हिंदी कविता में आधुनिकता का स्वर प्रमुख होता है। 'तारसप्तक' के दूसरे

और परिवर्द्धित संस्करण की भूमिका १९६३ में लिखी गयी। संकलनकर्त्ता संपादक के शब्दों में—'तारसप्तक' का प्रकाशन सन् १९४३ में हुआ था। दूसरे संस्करण की यह भूमिका सन् १९६३ में लिखी जा रही है। बीस वर्ष की एक पीढ़ी मानी जाती है। 'वयमेव याताः' के अनिवार्य नियम के अधीन 'सप्तक' के सहयोगी, जो १९४३ के प्रयोगी थे, सन् १९६३ के संदर्भ हो गये हैं।' अज्ञेय के इस वक्तव्य के बाद बीस वर्ष और बीत गये हैं, और यह संयोग से कुछ अधिक है कि अज्ञेय द्वारा संपादित चारों सप्तक-संकलनों की भूमिकाएँ १९८३ में एक संकलन रूप में 'कवि दृष्टि' के नाम से प्रकाशित हैं। कवि का प्रयोग संदर्भ बनता है और फिर क्रमशः दृष्टि के रूप में पहिचाना जाता है।

इस अवसर की दृष्टि से भी समकालीन कविता की दशा पर विचार न केवल प्रासंगिक है, बल्कि किसी क़दर जरूरी है। यह ठीक है कि रचना-समस्याओं का कोई सीधा समाधान नहीं होता, और यदि कहीं होता है तो रचनाकार के अंतर्मन में। आधुनिक कविता कोई लिमिटेड कंपनी नहीं जिसकी वार्षिक बैठक के अवसर पर उसका लेखा-जोखा प्रस्तुत हो और भविष्य की प्रगति का मार्ग निर्धारित किया जाय। यहाँ रास्ते अलग-अलग हैं और चलने के ढंग भी। यह एक असीमित सहकार है, और एक इसी भरोसे पर कवि कर्मशील रहता है। इस प्रसंग में कहीं कुछ रोचक अंतर्विरोध भी देखने को मिलते हैं। अशोक वाजपेयी अपने आलोचनात्मक लेखन में बहुत बार सपाटबयानी की वकालत करते दिखते हैं, पर स्वयं उनकी अपनी कविता वैसी ही संश्लिष्ट और बिंबधर्मी है जैसी कि शमशेर या कि रघुवीरसहाय की। यह अंतर्विरोध स्पष्ट ही कविता के हक में है।

युवा और युवतर कवियों के इधर अनेक संग्रह प्रकाश में आए हैं, जिसके पीछे कई प्रबुद्ध प्रदेश सरकारों का प्रोत्साहन भी है। इन संकलनों में रचनाकार की बेचैनी तो परिलक्षित होती है, पर वह कविता में रूपांतरित कम हुई है। पहले से बने वक्तृत्व के मुहाविरों को तोड़ने में वे मुश्किल का अनुभव कर रहे हैं। फिर मुहाविरों में बँध जाने पर भाषा लंबी कविता के लिए नहीं खुलती। यह ठीक है कि कविता शब्दों से ही बनती है, न प्रतीकों या अलंकारों से और न ही मुहाविरों से। प्रतीकों, अलंकारों या मुहाविरों का उपयोग इसी में है कि उन्हें सीधे सामान्य शब्दों के द्वारा तोड़ा जाना है। वे एक तरह से भाषा के मलबा हैं जिन्हें तोड़ फोड़कर नये सिरे से प्रयुक्त करना होगा। सीधे-सरल-सामान्य शब्द बिंब की छवि में नयी अर्थवत्ता से युक्त हो उठते हैं। प्रतीक, मुहाविरे या अलंकार कालांतर में रूढ़ हो जाते हैं, पर बिंब हर बार अपने पुराने-परिचित आंतरिक संबंधों को नये रूप में स्थिर करता है, और इस संश्लेष-प्रक्रिया में हर बार नवीकृत होता रहता है। इसी में उसकी अर्थक्षमता रचनाकार और पाठक दोनों सिरों पर वर्द्धनशील होती है। बौद्धिक विद्वानों के संदर्भ में जीवन-यथार्थ की समझ इधर क्रमशः जटिलतर होती जाती है, और कविता यदि बयान, मुहाविरों या नारों में फँसती जाये तो यह एक निरी बेमेल स्थिति होगी।

इतिवृत्त और वर्णन के फैलाव को नये विकसित गद्य-माध्यमों के लिए छोड़कर आधुनिक युग के पहले सशक्त काव्यांदोलन छायावाद ने अनुभव की संश्लिष्टता पर बल दिया, यह हम इस अध्याय के पूर्वार्द्ध में देख चुके हैं। नयी कविता ने उसे और बलपूर्वक वक्तृत्व से अलग किया। उसके प्रमुख कवि नयी कविता की इस विशेषता को बार-बार रेखांकित करते रहे। 'बात बोलेगी / हम नहीं', यह प्रतिज्ञा थी शमशेर की। अपने लिए मुक्तिबोध 'कविता में कहने की आदत' नहीं स्वीकार करते। अज्ञेय तो बड़बोलेपन के हमेशा विरुद्ध रहे

हैं अपनी कविता में भी और समीक्षा में भी। 'आँगन के पार द्वार' की पहली कविता में सरस्वती-पुत्र इस युग के शोर-शराबे में कवि की आत्मान्वेषी वृत्ति को महत्त्व देता है। भूमिकाओं के अपने नये संकलन 'कवि-दृष्टि' में उनकी मुख्य शिकायत यही है, 'मैंने अन्यत्र कहा है कि आज कविता बहुत बोलती है' असल में तो मुझे यह कहना चाहिए कि आज कवि इतना अधिक बोलता है कि कविता की बोलती बंद हो जाती है। आज कविता की रचना नहीं होती, बल्कि पद्य का इस्तेमाल होता है और इसलिए इस्तेमाल होता है कि कवि को बोलने का अवसर मिले।' (भूमिकाओं की भूमिका) यों समकालीन कविता राजनीति का हथियार बनने की नादान उत्सुकता में कविता से पहले बयान होना चाहती है। यह आधुनिक कविता के समूचे विकास को नकारना है। प्रसाद-निराला-अज्ञेय-मुक्तिबोध-शमशेर की विकास-प्रक्रिया को उलट देना है। वर्णनात्मक गद्य—पत्रकारिता—सिनेमा और पोस्टर के दायित्व को स्वीकार करके कविता का यह रूप समकालीन संदर्भों में अपनी विशिष्ट भूमिका की अनदेखी करके संचार-माध्यमों से होड़ में जा फँसा है। यह दशा की जड़ता दिशा की गति में कैसे परिणत हो, यही प्रसाद-शताब्दी-वर्ष में संवेदनशील कवि और प्रबुद्ध पाठक की मुख्य चिंता है।

(ii) निराला और परवर्त्ती कविता

(इस आलेख में निराला विषयक तीसरे अध्याय की कुछ सामग्री का कई अनुच्छेदों के रूप में उपयोग हुआ है।)

निराला का काव्य परवर्त्ती विकास-क्रम से जैसे सहज भाव से जुड़ता है वैसा किसी अन्य कवि का नहीं। इस का एक कारण यह भी है कि निराला के अपने काव्य में जैसा वैविध्य है वैसा उनके समकालीन अन्य किसी कवि में नहीं।

१८ अप्रैल १९३६ के एक पत्र में निराला अपने वरिष्ठ कवि-मित्र जयशंकर प्रसाद को, हल्के व्यंग की मुद्रा में, लिखते हैं, "पर मैंने सुना है, आप उपनिषदों से नीचे उतरना पसंद नहीं करते। फिर भी मैं प्रयत्न करूँगा, यदि आप को नीचे उतार सकूँ।" निराला के इस संक्षिप्त पर्यवेक्षण के पीछे प्रसाद और निराला दोनों द्वारा परंपरा के प्रयोग के कुछ संकेत छिपे हुए हैं। प्रसाद अपने से पहले की समूची हिंदी काव्य परंपरा को अपने कृतित्व में समाहित किए हैं। निराला फिर परंपरा के अगले क्रम को पूर्वाशित करते हैं। आधुनिक हिंदी के दो शीर्ष कवियों के व्यक्तित्व के यह सर्वथा योग्य बँटवारा है। प्रसाद के 'चित्राधार' में संकलित ब्रजभाषा काव्य में सूर के विनय पद, रीतिकालीन देव-मतिराम के कवित्त-सवैये, और भारतेंदु की मनुहार की गूँज स्पष्ट सुन पड़ती है। फिर उनके 'कानन कुसुम' में खड़ी बोली कविता की द्विवेदी युगीन इतिवृत्तात्मकता आती है। और उसके बाद वह नयी काव्य-भंगिमा विकसित होती है, जिसे आगे चल कर छायावाद नाम दिया गया। एक आरंभिक कविता का शीर्षक है 'संध्या तारा', जो एक प्रकार से छायावाद की प्रसिद्ध सांध्य-कविताओं का प्रवर्त्तन-रूप कहा जा सकता है। यहाँ काव्यभाषा ब्रजभाषा है, वर्णन-शैली द्विवेदीयुगीन, और विषय नयी काव्य-चेतना को द्योतित करता है। यों प्रसाद का यह काव्य आरंभिक काव्य-संवेदनात्मक त्रिवेणी का अद्भुत साक्ष्य है। एलियट की उक्ति, कि परंपरा में सभी कवियों का सहवर्त्तित्व होता है, का विलक्षण उदाहरण प्रस्तुत करता है, प्रसाद और निराला का काव्य, अपने-अपने ढंग से।

प्रसाद के दूसरी ओर आते हैं निराला। वे अपने से आगे आनेवाली हिंदी काव्य परंपरा को

पूर्वाशित कर लेते हैं। छायावाद के वे श्रेष्ठ कवि हैं कई संदर्भों में, प्रगतिवादी काव्यांदोलन का वास्तविक रूप उन के अगले प्रयोगों में द्रष्टव्य है। फिर प्रयोगवाद और नयी कविता से लेकर शब्दों के खेल तक उनके विविध प्रयोग मिलते हैं। परंपरा और प्रयोग का अनवरत क्रम—यही जैसे कवि के लिए बसंत का वास्तविक अर्थ है, जिस के उत्सव को उन्होंने अपना जन्म-दिन माना, और अपने आरंभिक संकलन 'अनामिका' में घोषित किया, ''मैं ही बसंत का अग्रदूत।''

निराला की एक बड़ी विशेषता यह है कि न केवल उन्होंने परंपरा से विद्रोह करके उसे अपने ढंग से गतिशील किया, वरन् स्वयं अपनी उपलब्धियों से भी वे निरंतर संघर्ष करते रहे, जिन से कालांतर में परंपरा बननी थी। उन के काव्य-विकास के तीन चरण—तत्सम, तद्‌भव,देसी—कवि की बहुत-कुछ इसी मनोवृत्ति को प्रतिफलित करते हैं। यह सतत विद्रोह-भाव एक बड़ा कारण है निराला के यहाँ काव्य-वैविध्य का। 'जुही की कली' से लेकर 'पत्रोत्कंठित जीवन का विष बुझा हुआ है' तक एक लंबी काव्य-यात्रा है, जिस में कवि रास्ते के साथ-साथ बराबर अपनी भी पहिचान करता चलता है। निराला के ये सभी रूप अपने-अपने ढंग से आकर्षक हैं, यद्यपि उन में से कई एक-दूसरे के प्रतिरोधी दिखाई देते हैं। ये काव्य-स्तर परस्पर क्रिया-प्रतिक्रिया में निराला के कवि-व्यक्तित्व को विराटतर तथा गतिशील बनाए रखते हैं। हिंदी कविता के इतिहास में वैविध्य की यह काव्य-प्रक्रिया, जैसा कहा गया, अपने आप में अतुलनीय है।

निराला ने मुक्त छंद रचना-कर्म में किसी व्यावहारिक सुविधा के लिए नहीं रचा, वरन् उसे अपने काव्य-प्रवाह में गति लाने के लिए एक आवश्यक के अवरोध के तौर पर देखा। कठिन छंद तो जैसा निराला ने 'तुलसीदास' में लिखा है वैसा शायद ही हिंदी के किसी कवि ने अपने लिए चुना हो। छः पंक्तियों का छंद, जिस में पहली, दूसरी और तीसरी की तीन-चौथाई में तुक-विधान, और फिर इसी तरह चौथी, पाँचवीं और छठी की तीन-चौथाई में तुक। तीसरी और छठी पंक्ति का अंत्यानुप्रास अलग से। एक उदाहरण प्रस्तुत है—

कुछ समय अनंतर स्थित रह कर,
स्वर्गीयाभा वह स्वरित प्रखर
स्वर में झर-झर जीवन भर कर ज्यों बोली;
अचपल ध्वनि की चमकी चपला,
बल की महिमा बोली अबला,
जागी जल पर कमला, अमला मति डोली

छंद के कठोर बंधन में रत्नावली का सात्त्विक क्रोध जैसे और कसमसा रहा हो। यहाँ छंद कविता का वाहक नहीं उस का अनिवार्य अंग बन गया है। हिंदी में मुक्त छंद का प्रणेता कितने गहरे संवेदनात्मक स्तर पर छंद को उठाता है यह किसी भी सहृदय श्रोता, पाठक द्वारा आसानी से लक्षित किया जा सकता है।

काव्य वैविध्य के लंबे दौर में निराला के यहाँ क्लासिकी, रोमांटिक तथा आधुनिक तत्त्व एक साथ, दिखाई देते हैं। निराला में जैसे प्रसाद-निराला-अज्ञेय तीनों घुले-मिले हैं। मुक्त छंद और छंद-बद्ध, 'राम की शक्तिपूजा' और 'कुकुरमुत्ता', तत्सम-तद्‌भव-देसी; प्रबंध-गीत-मुक्तक; विधान—काव्यभाषा और बंध के इन विविध स्तरों पर निराला समान क्षमता के साथ

सक्रिय हैं। इस वैविध्य को साधने के कारण ही निराला बिना महाकाव्य लिखे महाकवि हैं, जिस रूप में परवर्त्ती दौर के एक अन्य शीर्ष कवि शमशेरबहादुर सिंह ने अपने पहले संग्रह में उनका स्तवन किया—

भूल कर जब राह—जब-जब राह...भटका मैं
तुम्हीं झलके हे, महाकवि,
सघन तम की आँख बन मेरे लिए।

परवर्त्ती पीढ़ी का निराला के प्रति यह बहुत सही कृतज्ञता -ज्ञापन है, जिस की रचनात्मक अभिव्यक्ति और विवेचना अनेक कवियों और आलोचकों में देखी जा सकती है। निराला के पहले महाकवि विशेषण महज़ औपचारिक नहीं, सिर्फ़ सम्मानार्थ भी नहीं, बल्कि कवि शमशेर के शब्दों में एक कृतज्ञ रचना-पीढ़ी का आभार-प्रदर्शन है।

निराला का संपूर्ण काव्य-व्यक्तित्व 'विरुद्धों का सामंजस्य' की उस अवधारणा में से जैसे विकसित हुआ है, जिसे कवि के समकालीन और प्रसिद्ध समीक्षक रामचंद्र शुक्ल ने आनंद की साधनावस्था की उच्चतम रचना-भूमि का कारक तत्त्व स्वीकार किया है। जैसा उल्लेख किया गया, निराला हिंदी में मुक्त छंद के प्रवर्त्तक हैं ('जुही की कली'), और फिर सबसे कठिन छंद तथा तुक-विधान का पालन करते हैं ('तुलसीदास'), एक ओर 'राम की शक्तिपूजा' तथा अनेक गीतों में तत्सम शब्दावली का आग्रह है, तो दूसरी ओर 'कुकुरमुत्ता' में 'अबे, सुन बे गुलाब' की ठेठ देसी भंगिमा है, शृंगार-गीतों में प्रणय की उद्दाम स्थितियों का उन्मुक्त अंकन है—जैसा प्रसाद के 'आँसू' और 'लहर' गीतों में भी नहीं मिलेगा—तो फिर 'तुम से लाग लगी जो मन की / जग की हुई वासना बासी', का मार्मिक उद्‌घोष है। स्मरणीय है कि छायावाद के किसी कवि ने भक्ति-गीतों की ऐसी शृंखला नहीं लिखी, अभिनव विनयपत्रिका की तरह, जैसी निराला ने अपने रचना-क्रम में आदि से अंत तक लिखी है। जीवन और रचना-क्रम दोनों में मूलत: विद्रोही होने के बावजूद उन के प्रिय कवि हैं कठोर मर्यादावादी कवि तुलसीदास।

प्रवृत्तिगत वैविध्य के अतिरिक्त निराला के दीर्घकाव्य-विकास में अगले रचना-आंदोलनों—प्रगतिवाद, प्रयोगवाद और नयी कविता के बीज मिल जाते हैं। उन के संकलन 'नये पत्ते' (१९४६) से चलने वाले अंतिम दौर में इस प्रकार की अनेक कविताएँ द्रष्टव्य हैं, जिस बिंदु से हिंदी कविता के अब पचास वर्ष पूरे होते हैं। १९४२ में प्रकाशित 'कुकुरमुत्ता' तो प्रगतिवादी विचारधारा और रचनात्मकता का अघोषित 'मैनीफ़ैस्टो' कहा जा सकता है, जहाँ सर्वहारा की क्षमता को अनेक रूपों में प्रदर्शित किया गया है। भाषा-भंगिमा-छंद सब उस के अनुकूल है। इस काल की अनेक कविताएँ जो 'बेला' और 'नये पत्ते' में संकलित हैं, जैसे—'जल्द-जल्द पैर बढ़ाओ', 'झींगुर डट कर बोला', 'राजे ने अपनी रखवाली की', 'चर्खा चला' अधिकतर इस मन:स्थिति को द्योतित करती हैं। इसी अवधि में 'दग़ा की' या कि 'सड़क के किनारे' में प्रयोगवाद की भंगिमा मिलेगी। और फिर नयी कविता का नवीनतम शब्द-खेल है—

ताक कमसिनवारि,
ताक कम सिनवारि,
ताक कम सिन वारि,
सिनवारि, सिनवारि।

ये प्रयोग कभी निरर्थक लगेंगे, पर कभी इनमें अर्थ भी झलकेगा, खास तौर से यदि हम फ़ारसी-उर्दू 'कमसिन' को समझें, और वैदिक संस्कृत प्रयोग 'सिनीवाली' के अर्थ वैदिक देवी, या कि शुक्ल पक्ष की प्रतिपदा को एक साथ स्मरण रक्खें तो। यों इस पूरे विकास क्रम को ध्यान में रख कर ही कहा गया है कि आधुनिक कविता में निराला आलाप से लेकर तराना तक स्वयं हैं।

परवर्त्ती कविता से निराला की सक्रियता दुतरफ़ा चलती है। नये कवि उनसे प्रेरणा लेते हैं। शमशेर की कविता का उल्लेख पहले हुआ है। रामविलास, शिवमंगलसिंह 'सुमन', नागार्जुन, केदार अग्रवाल और अज्ञेय इन सबके प्रिय कवि निराला हैं। इन्होंने निराला को संबोधित कविताएँ लिखी हैं, आलोचनात्मक और वैयक्तिक मूल्यांकन किए हैं। इलाहाबाद नगर में नवलेखन की पीढ़ी अपनी गोष्ठी का नाम 'परिमल' (१९४४) रखती है, और पत्रिका का 'नये पत्ते' (१९५२)। उधर निराला की दिलचस्पी अपने से ठीक बाद के काव्य-प्रयोगों में बराबर बनी रहती है। १९४३ में प्रकाशित 'तारसप्तक' की प्रति संपादक अज्ञेय निराला के पास सम्मानार्थ भेजते हैं। १४-६-४४ के पत्र में निराला उस की पहुँच संकलन के सहयोगी कवि, और अपने मित्र तथा भावी जीवनीकार रामविलास शर्मा को लिखते हैं, "कल 'तारसप्तक' संग्रह मिला। अच्छा निकला है। फिर आलोचना लिखूँगा। अभी बहुत गरमी है। विशेष लिखा नहीं। अज्ञेय का पता नहीं मालूम। हालाँकि तारसप्तक उन्हीं का भेजा हुआ है। सिर्फ़ शिलङ् लिखा है। इन रचनाओं का रूप मेरी दृष्टि में निखर रहा है। इति।" यहाँ महाकवि की बड़ी संतुलित और सावधान प्रतिक्रिया है अपने कनिष्ठ सहयोगियों के रचना-उपक्रम के प्रति। स्पष्ट ही उसका पूरा मूल्यांकन करने के लिए वे समय चाहते हैं। पर '४६ तक का उन का अपना काव्य नयी काव्य-धारा को कुछ पूर्वाशित करता, और कुछ उसके साथ चलता है।

बाद में दुर्भाग्यवश, उन का स्वास्थ्य अस्त-व्यस्त हो जाता है। वे इधर-उधर की बात करते हैं, रूपकों की संधा भाषा बोलते हैं, और अधिकतर बैसवाड़ी या कि अँग्रेजी का बातचीत में प्रयोग करते हैं। प्रयोगवाद और नयी कविता की रचना अवधि में उनकी मनः स्थिति का कुछ अनुमान उन के तब के जीवनीकार और मित्र गंगाप्रसाद पाण्डेय के एक संस्मरणात्मक लेख से लगता है। 'नये पत्ते' पत्रिका के, जनवरी-फरवरी '५३ के अंक में प्रकाशित इस लेख का शीर्षक है 'निराला जी : आजकल'। लेख का समापन निराला जी के कुछ अँग्रेजी वाक्यों के साथ होता है—

I have combined the contribution in terms of literary art to the philosophy of living.

(साहित्य के क्षेत्र में मेरा योगदान स्वयं जीने की पद्धति से एकाकार हो गया है)

I am making an example of playing the same card in life and literature.

(जीवन और साहित्य के खेल में मेरे पत्ते एक ही हैं।)

इस अवधि में 'आराधना' के गीत लिखे जा रहे हैं, यह सूचना संस्मरणकार ने दी है। अर्थात् इस बिंदु पर पहुँचकर जीवन और रचना कवि के निकट एक हो चुके हैं, 'लीला का सम्वरण-समय' निकट आ रहा है। इधर नयी कविता की अपनी मानसिकता पक रही है, जो पत्रिका-रूप में १९५४ में प्रकट होती है, 'नये पत्ते' जैसे उसका पूर्वाभास था। इस मानसिकता की कुछ पृष्ठभूमि निराला की अस्त-व्यस्त बातचीत में मिलती है। ऐतिहासिक दृष्टि से नयी कविता-

नवलेखन का दौर अधिकतर दो महाशक्तियों के बीच शीत-युद्ध के समानांतर चला। निराला के यहाँ यह वर्णन इस प्रकार चलता है—"गंगा जी सूख गई। हमने तो गंगा भी छोड़ दी पर भूख नहीं छूटती । बाप रे बाप, जानते हो, गंगा में दो बहुत बड़े घड़ियाल हैं। जल भ्रष्ट कर रहे हैं और आदमियों को पकड़ते हैं। एक पेट पकड़ता है, एक सिर। दोनों बड़े भयानक हैं।" गंगाप्रसाद पाण्डेय की टिप्पणी इस संवाद पर है, "कहना न होगा कि इस रूपक से वे रूस की विचारात्मक भौतिकवादिता एवं अमेरिका की संपत्ति के बल पर संसार को जीतने की आकांक्षा को ही फटकार बताना चाहते हैं। गंगा, देश की संस्कृति अथवा राष्ट्रीयता का प्रतीक है, यह भी स्पष्ट है।"

यहाँ जोड़ना होगा कि अपनी मानसिक अस्त-व्यस्तता के बीच भी निराला नये रचनाकार को उस समय की बुनियादी समस्या से ठीक-ठीक अवगत करा रहे हैं। और यह निश्चय ही संयोग से अधिक है कि 'नये पत्ते' के इसी अंक में निराला विषयक इस संस्मरण-लेख से ठीक पहले अज्ञेय की 'नयी कविता' शीर्षक वह ध्वनि-वार्ता प्रकाशित हुई है, जहाँ 'नयी कविता' पद का पारिभाषिक ढंग से पहला प्रयोग हुआ है।

■

६

तिथि-क्रम

प्रसाद-निराला-अज्ञेय

प्रमुख काव्य-रचनाओं का प्रकाशन-क्रम : ईसवी वर्ष में।

जयशंकर प्रसाद (१८९०-१९३७)

(चित्राधार : ब्रजभाषा कविताएँ : १९१८, प्रेमपथिक : ब्रजभाषा रूप : १९०९, खड़ीबोली : १९१४, झरना : १९१८, आँसू : १९२५, लहर : १९३५, कामायनी : १९३७ : कामायनी का पांडुलिपि संस्करण : १९७१)

सूर्यकांत त्रिपाठी 'निराला' (१८९९-१९६१)

(अनामिका : प्राचीन : १९२३, परिमल : १९२९, गीतिका : १९३६, तुलसीदास : १९३८, अनामिका : नवीन १९३८, कुकुरमुत्ता : १९४२, अणिमा : १९४३, बेला : १९४६, नये पत्ते : १९४६, अर्चना : १९५०, आराधना : १९५३, गीत गुंज : १९५४, सांध्य काकली : मरणोत्तर प्रकाशन : १९६९)। एक अन्य मत के अनुसार निराला का जन्म-वर्ष १८९६ है।

स० ही० वात्स्यायन 'अज्ञेय' (१९११-१९८७)

(भग्नदूत : १९३३, चिंता : १९४२, इत्यलम् : १९४६, हरी घास पर क्षण भर : १९४९, बावरा अहेरी : १९५४, इंद्रधनु रौंदे हुए ये : १९५७, अरी ओ करुणा प्रभामय : १९५९, आँगन के पार द्वार : १९६१, कितनी नावों में कितनी बार : १९६७, क्योंकि मैं उसे जानता हूँ : १९७०, सागर मुद्रा : १९७०, पहले मैं सन्नाटा बुनता हूँ : १९७४, महावृक्ष के नीचे : १९७७, नदी की बाँक पर छाया : १९८१, ऐसा कोई घर आपने देखा है : १९८६, प्रिजन डेज़ एंड अदर पोएम्स : अँग्रेजी में—१९४६)